ro
ro
ro

Zu diesem Buch

Wie finde ich den richtigen Partner? Wer passt zu mir? Wie erreiche ich mehr Spaß beim Sex? Was kann ich für unsere gefährdete Beziehung tun? Bei allen diesen Fragen kann Feng Shui helfen. Christopher Weidner, der bekannte Feng-Shui-Experte, liefert in diesem Ratgeber praktische Tipps, die jeden Single den Traumpartner finden lassen und jeder Partnerschaft neues Leben verleihen.

Christopher A. Weidner

Feng Shui für zwei

Der ideale Partner • Lust und Leidenschaft
Das richtige Ambiente für die Liebe und das Glück

Rowohlt Taschenbuch Verlag

Inhalt

Originalausgabe
Veröffentlicht im Rowohlt Taschenbuch Verlag GmbH, Reinbek bei Hamburg, Mai 2003

Umschlaggestaltung any.way, Barbara Hanke
(Foto: PhotoDisc®)
Reihenlayout Christine Lohmann
Satz Proforma PostScript (QuarkXPress)
Gesamtherstellung Clausen & Bosse, Leck
Printed in Germany
ISBN 3 499 61557 6

Die Schreibweise entspricht den Regeln der neuen Rechtschreibung.

Einleitung 7

Inneres und äußeres Feng Shui 9

Der Aufbau des Buches 11

Drei goldene Regeln 12

Yin und Yang 15
Die Pole des Lebens

Yin und Yang in der Partnerschaft 17

Yin und Yang in der Wohnung 22

Die fünf Elemente 25
Vom Wechselspiel der Energien

Die fünf Gehweisen 26

Die Zyklen der Elemente 27

Die fünf Beziehungstypen 33

Liebe, Lust und Leidenschaft der Elemente 44

Raum für zwei 53
Feng-Shui-Rituale für gemeinsames Wohnen

Der Atem des Lebens 54

Raum für Raum 59

Zusammenziehen – den Lebensraum teilen 73

Ba Gua für Liebende 77
Wege zur erfüllten Partnerschaft

Was sind die Acht Lebenswünsche? 78

Die Anwendung der Ba Gua 82

Donner 86

Wind 87

Feuer 89

Erde 91

See 92

Himmel 94

Wasser 96

Berg 98

Symbole-Lexikon 101
Die heilende Kraft der Elemente

Entsprechungen für Holz 104

Entsprechungen für Feuer 106

Entsprechungen für Erde 109

Entsprechungen für Metall 111

Entsprechungen für Wasser 115

Ausklang 119

Literatur 122

Bildnachweis 122

Über den Autor 123

Einleitung

*«Lasst Raum zwischen euch.
Und lasst die Winde des Himmels
zwischen euch tanzen.
Liebt einander, aber macht die Liebe
nicht zur Fessel:
Lasst sie eher ein wogendes Meer
zwischen den Ufern eurer Seele sein.
Füllt einander den Becher, aber trinkt
nicht aus einem Becher.
Gebt einander von eurem Brot, aber
esst nicht vom selben Laib.
Singt und tanzt zusammen und seid
fröhlich, aber lasst jeden von euch
allein sein.
So wie die Saiten einer Laute allein
sind und doch von derselben Musik
erzittern.»*

Aus: Khalil Gibran, Der Prophet

Sind Sie Single und wünschen sich nichts sehnlicher, als das Gefühl von Zweisamkeit wieder genießen zu können? Oder leben Sie in einer Partnerschaft, in der sich die anfängliche Leidenschaft abgekühlt hat, und Sie wissen nicht so recht, wie Sie das *Feuer* wieder schüren können? Haben Sie die partnerschaftliche Routine satt und wünschen sich mehr Abwechslung mit Ihrem Partner? Oder läuft zurzeit in Ihrer Beziehung alles schief, kommt es häufiger zu Missverständnissen und Streitigkeiten als früher? Vielleicht haben Sie auch das Gefühl, dass Ihre individuellen Bedürfnisse in Ihrer Partnerschaft keinen Platz mehr haben? Fühlen Sie sich eingeschränkt und suchen nach mehr Freiräumen?

Dieses Buch handelt davon, wie Sie mit Hilfe von Feng Shui, der alten fernöstlichen Kunst der Raumgestaltung, Ihre Beziehung wieder in Einklang bringen können. Feng Shui hilft uns, das Klima einer Partnerschaft so zu verändern, dass wir die Bedürfnisse des anderen und unsere eigenen besser wahrnehmen und verstehen können. Auf diese Weise machen wir unsere Beziehung vollständiger und reicher im gemeinsamen Erleben. Dabei stützt sich Feng Shui auf den Grundgedanken, dass unsere innere Haltung zum Leben und damit auch unsere Einstellung zu unseren Beziehungen in der Art und Weise erkennbar ist, wie wir mit unserem Lebensraum umgehen. Umgekehrt lehrt Feng Shui auch, dass dieser Lebensraum großen Einfluss auf uns und unsere Beziehung ausübt.

Innen und außen stehen in einem fortwährenden Wechselspiel und bedingen einander. Aus dieser Sichtweise heraus ist es möglich, unseren Beziehungen mehr Halt, mehr Spannung, mehr Wertschätzung und mehr Gefühl zu geben, indem wir der Umgebung, in die sie eingebettet sind, mehr Aufmerksamkeit schenken. In diesem Buch finden Sie zahlreiche Anregungen, wie Sie die Umgebung Ihrer Partnerschaft so gestalten können, dass

Gemeinsamkeit gefördert und individuelle Bedürfnisse respektiert werden. So kann Feng Shui zu mehr Glück und Zufriedenheit im Miteinander beitragen.
Auch Singles zeigt die Lehre von Feng Shui, wie sie ihrem Wunsch nach Zweisamkeit deutlicheren Ausdruck in den eigenen vier Wänden verleihen können. Durch das «Feedback» eines optimal gestalteten Umfeldes werden unsere inneren Kräfte mobilisiert, die uns vielleicht bislang gefehlt haben, unserem Glück wirklich auf die Sprünge zu helfen. Feng Shui hilft dabei, die eigenen Wünsche und Bedürfnisse klarer zu formulieren und ihnen mehr Raum im Leben zu geben. Wenn wir dem Wunsch nach Partnerschaft einen echten Freiraum in unseren vier Wänden schenken, entsteht überhaupt erst der Platz für einen anderen Menschen in unserem Leben.
Wer aber glaubt, mit ein wenig Möbelrücken hier und Lampionaufhängen da sei schon alles getan, den muss ich gleich enttäuschen. Feng Shui ist keine Trickkiste und auch kein Zauberhut. Damit will ich sagen, dass die Anwendung von Feng Shui keine Wunder vollbringt. Allerdings erhöhen wir die Wahrscheinlichkeit, dass in unserem Leben Wunder geschehen, wenn wir dem Wunderbaren überhaupt erst einmal Raum in unserem Leben geben. Und dazu müssen wir uns auch in eine innere Bereitschaft versetzen, das Wunder zu empfangen, wenn es an unsere Tür klopft. Eine innere Haltung, die im Einklang mit der Umwelt steht – das ist das Geheimnis des Feng Shui.

Inneres und äußeres Feng Shui

Im Feng Shui dreht sich alles um den Fluss von Energie, *Qi* genannt. Dieses Qi beseelt und belebt die Welt. Es ist in allem reichlich vorhanden und die universelle Quelle alles Lebendigen, aus der wir eingeladen sind zu schöpfen, um glücklicher und zufriedener durch das Leben zu gehen. Es ist wichtig, dass wir unsere Umwelt so gestalten, das sie den Qi-Fluss fördert und nicht hemmt. Aus diesem Grundgedanken heraus ist Feng Shui entstanden, was wörtlich übersetzt so viel heißt wie «*Wind und Wasser*» – zwei der wichtigsten natürlichen Ausdrucksformen von Qi.

Feng Shui lehrt uns, wie wir Orte schaffen können, an denen Qi frei fließen kann, ohne aufgehalten zu werden, denn Qi muss immer in Bewegung bleiben, muss sich immer wandeln können. Auch jeder Mensch hat Anteil an Qi. Es durchströmt unseren Körper genauso, wie es unsere Wohnungen und unsere Häuser durchströmt. Qi hält uns am Leben und schenkt uns Gesundheit und Zufriedenheit. Viele fernöstliche Körperübungen wie die des Tai Qi oder des Qi Gong bemühen sich, dieses innere Qi in Fluss zu bringen und Blockaden vorzubeugen.
Wenn zwei Menschen in einer Beziehung aufeinander treffen, begegnen sie sich auch auf dieser Ebene: Jeder kommt mit dem Qi des anderen in Berührung. Daraus entsteht eine neue Dynamik des Energieflusses, die vorher nicht gegeben war. Eine Beziehung ist mehr als nur die Summe der Eigenschaften zweier Menschen: Sie ist etwas Neues, Drittes, das sich in seiner Einzigartigkeit nur zwischen diesen beiden Menschen zeigen kann. Jede Beziehung erzeugt ihr eigenes Qi – und braucht demzufolge auch eine diesem Qi angemessene Umgebung.
Es leuchtet ein, dass der Lebensraum, den ich mit einem anderen Menschen teile, Spiegel dieser Beziehung sein soll. Da jede Beziehung einzigartig ist, kann es jedoch keine pauschalen Rezepte geben, nach denen Sie vorgehen müssen, um die gewünschten Ergebnisse zu erzielen. Deshalb setzt ein gelungenes Feng Shui für die Partnerschaft voraus, dass Sie sich auch mit den Bedürfnissen und Erwartungen in Ihrer Partnerschaft auseinander setzen, um herauszufinden, was Ihre Beziehung einzigartig macht und wie sich dies in Ihrem Zuhause ausdrücken soll. Sie müssen wissen, welches Zuhause Ihre Partnerschaft braucht.
Es geht also um beides: um das *äußere* Feng Shui, das sich speziell um die symbolische Gestaltung der Umgebung kümmert, und um das *innere* Feng Shui, den Energiefluss zwischen beiden Partnern. Beide bedingen einander, und beide können nicht getrennt voneinander betrachtet werden.
In diesem Buch finden Sie deshalb neben den allgemeinen Hinweisen auf das äußere Feng Shui auch viele wichtige Anregungen für das innere Feng Shui, insbesondere im Zusammenhang mit der Lehre der *Wu Xing*, der fünf Gehweisen oder Wandlungsphasen, für die sich bei uns der Begriff Elemente durchgesetzt hat. Mit Hilfe dieser Lehre ist es möglich, sehr individuelle Feng-Shui-Lösungen zu finden.

Der Aufbau des Buches

Zunächst werden Sie dazu eingeladen, die momentane Dynamik in Ihrer Partnerschaft zu erforschen.
Im Kapitel «Yin und Yang» erfahren Sie, wie es um das Yin und das Yang in Ihrer Beziehung bestellt ist. Übungen bringen Sie in Kontakt mit Ihrem inneren Feng Shui.
Im Kapitel «Die fünf Elemente» finden Sie das Herz der Lehre des Feng Shui. Hier finden Sie heraus, welcher Beziehungstyp Sie sind und wie Sie mit Ihrem Partner harmonieren. Es empfiehlt sich, vor der Lektüre des gesamten Buches, die Berechnung des Feng-Shui-Elements anzustellen, weil immer wieder in den anderen Kapiteln darauf hingewiesen wird.
Danach erhalten Sie im Kapitel «Raum für zwei» Hinweise, welche Räumlichkeiten besonders wichtig sind, wenn es um gutes Feng Shui für Ihre Beziehung geht, und worauf Sie dort achten müssen, um den Qi-Fluss in Schwung zu bringen.
Die «Acht Lebenswünsche», auch bekannt als die Ba Gua, sind Thema des folgenden Kapitels. Hier erfahren Sie, wie Sie den besonderen Bedürfnissen in Ihrer Beziehung oder als Single in der Gestaltung Ihres Zuhauses Raum geben können. Durch die Anwendung von symbolischen Heilmitteln ist es möglich, ganz gezielt auf Situationen zu reagieren, Chancen zu mehren und Herausforderungen anzunehmen.
Den Abschluss bildet ein kleines

Lexikon mit den wichtigsten Symbolen für die Verbesserung des partnerschaftlichen Klimas, aufgeschlüsselt nach den fünf Elementen.

Drei goldene Regeln

Bevor Sie nun loslegen und sich an die Umgestaltung Ihrer vier Wände machen, möchte ich Ihnen für gelungenes Feng Shui drei einfache goldene Regeln ans Herz legen. Wenn Sie diese beachten, werden Sie sicherlich keine Schwierigkeiten haben, das richtige Heilmittel für Ihre individuelle Situation zu finden:

1. Der Grundsatz der einfachen Lösung

Lösungen im Feng Shui sollen einfach und nahe liegend sein. Wir müssen keine komplizierten Umwege machen, um das Feng Shui unseres Lebensraumes zu stärken und zu verbessern. Wer also die Wahl zwischen mehreren Lösungen hat, sollte stets diejenige wählen, die am leichtesten umzusetzen ist.

2. Der Grundsatz der angemessenen Lösung

Eine gute Feng-Shui-Lösung ist immer angepasst an die Situation, in der sie zur Anwendung kommt. Nicht immer muss man gleich das gesamte Arsenal an möglichen Hilfsmitteln aufbieten: In den meisten Fällen genügt schon die Veränderung eines winzigen Details, um die gewünschte Wirkung zu erzielen. Hier ist entscheidend, dass diejenigen, die sich für Feng Shui als Grundlage zur Gestaltung ihres Lebensraumes entscheiden, auch lernen, die Sinne zu schärfen, damit sie die Bedürfnisse eines Raumes genau erspüren und das rechte Maß treffen können.

3. Der Grundsatz der schlichten Lösung

Die besten Feng-Shui-Lösungen sind zugleich auch die unauffälligsten. Sie stimmen mit unserem persönlichen Geschmack überein und gliedern sich harmonisch in unser vertrautes Umfeld ein. So manches Glück und Wohlstand verspre chende Feng-Shui-Utensil ist allein schon deshalb fehl am Platz in Ihren vier Wänden, weil es Ihnen schlicht und ergreifend nicht gefällt. Sobald Sie einen noch so gut gemeinten Feng-Shui-Gegenstand als Fremdkörper empfinden, hat er in Ihrem Lebensraum nichts zu suchen! Vertrauen Sie nicht den Angeboten einschlägiger Kataloge, sondern lieber Ihrem eigenen Empfinden für Schönheit. Entwickeln Sie eine individuelle Kreativität. Dieses Buch möchte Ihnen dabei Anre gung, Anleitung und Fundus sein.

Yin und Yang

Die Pole des Lebens

In der fernöstlichen Anschauung wird Qi auch der Atem des Lebens genannt, der durch die wechselseitige Wirkung der beiden Pole *Yin* und *Yang* aufrechterhalten wird. Alle Phänomene und Prozesse des Lebens lassen sich auf der Grundlage der Dynamik dieser beiden Kräfte beschreiben.

Vergegenwärtigen Sie sich für einen Augenblick den Wechsel von Tag und Nacht und beobachten Sie vor Ihrem geistigen Auge, wie sich Helligkeit und Dunkelheit in einem ununterbrochenen Kreislauf ablösen. Damit haben Sie schon ein inneres Bild der Eigenschaften von *Yin* und *Yang*.

Yang heißen dabei alle Qualitäten, die mit Tag assoziiert werden. Es hat mit allen Prozessen zu tun, die auf Ausdruck und auf Expansion ausgerichtet sind – so wie die Sonne alle Dinge sichtbar macht und Wachstum ermöglicht. Auf einer psychologischen Ebene verbinden wir mit *Yang* die Fähigkeit, zu beurteilen, einzuteilen und zu planen. Es unterstützt uns dabei, unserem Leben den richtigen Ausdruck zu geben und den Alltag in der Welt zu meistern.

Folgende Eigenschaften zählen zu **Yang:** hell, warm, klar, aktiv, leicht, locker, hart, sichtbar, öffentlich, nach außen und nach oben gerichtet.

Yin ist hingegen mit den Qualitäten der Nacht verbunden. *Yin*-Prozesse sind deshalb nach innen gerichtet und wirken konzentrierend – so wie sich die Natur in der Dunkelheit in sich zurückzieht, um sich zu regenerieren. *Yin* bedeutet deshalb für uns, dass wir unsere Wahrnehmung nach innen richten müssen, um dort Kraft aus unseren inneren Ressourcen zu schöpfen. Es lässt uns im Einklang mit unseren Gefühlen und Bedürfnissen leben.

Yin-Eigenschaften sind: dunkel, kühl, undeutlich, reaktiv, schwer, dicht, weich, verborgen, intim, nach innen und nach unten gerichtet.

Yin und *Yang* bedingen sich gegenseitig: Das eine kann ohne das andere nicht existieren, und wo immer wir *Yin* finden, ist auch *Yang* gegenwärtig, und umgekehrt – so wie es kein Licht ohne Schatten gibt. Vielleicht stellen Sie sich das Zusammenspiel wie ein Schwungrad vor, das immerzu in Bewegung ist. *Yin* und *Yang* befinden sich deshalb auch nicht im Widerstreit miteinander, denn sobald eines überhand nimmt, erzeugt es wie von selbst sein Gegenteil.

Yin und Yang in der Partnerschaft

Auch in unseren Beziehungen wirkt das Prinzip von *Yin* und *Yang* und sorgt dafür, dass wir uns in ihnen weiterentwickeln. Wer sich bemüht, die Dynamik zwischen beiden zu pflegen und aufrechtzuerhalten, hat den ersten wichtigen Schritt in Richtung einer erfüllenderen Partnerschaft getan.
Bevor wir uns aber der Frage widmen, wie wir *Yin* und *Yang* in unserem Lebensraum fördern, um damit unsere Beziehungen zu verbessern oder zu stärken, sollten Sie sich für einen Augenblick Gedanken darüber machen, wie es um Ihr *inneres* Feng Shui bestellt ist, damit Sie wissen, in welche Richtung die Veränderungen im äußeren Feng Shui Ihrer Wohnung zielen müssen.
In der Partnerschaft kommt das Wechselspiel von *Yin* und *Yang* in zweierlei Hinsicht zum Ausdruck: einmal aus der Sicht des Einzelnen und dann aus der Sicht der Beziehung als Ganzes.

Individuelles Yin und Yang

Für den Einzelnen bedeutet *Yin*, die Möglichkeit zu haben, für sich zu sein und sich mit sich selbst zu beschäftigen. *Yin* zu leben heißt, Kraft für die Beziehung aus dem

eigenen Inneren zu schöpfen. Jeder Partner sollte deshalb seinen persönlichen Bedürfnissen entsprechend *Yin*-Zeit und *Yin*-Raum haben, um sich selbst auch als unabhängiges Individuum zu spüren.
Wird das individuelle *Yin* zu stark, beginnen die Partner aneinander vorbeizuleben. Gemeinsamkeiten werden nicht mehr wahrgenommen, sondern jeder versucht, seine Individualität in den Vordergrund zu rücken. Eine wirkliche Bindung, die das Gefühl von Geborgenheit und Zusammenhalt erzeugt, kann nicht entstehen.
Stellen Sie sich folgende Fragen zur individuellen *Yin*-Situation:

→ Wie groß ist mein Bedürfnis, ganz für mich sein zu können? Was bedeutet es für mich?
→ Habe ich genügend Freiräume für mich zur Verfügung? Habe ich genügend Zeit für mich selbst?
→ Wie äußert sich dies in meinem Lebensraum? Habe ich ausreichend Raum für mich? Wie ist dieser Raum gestaltet?

Yang hingegen bedeutet, die Energien auf den anderen zu richten. *Yang* heißt, in Kommunikation mit dem anderen zu treten und ihn bewusst als Gegenüber wahrzunehmen und die Begegnung mit ihm zu suchen. Auch diesen Bedürfnissen muss in einer ausgewogenen Partnerschaft Zeit und Raum gewährt werden.
Ist das individuelle *Yang* zu stark, wird das gesamte Leben auf den anderen ausgerichtet. Die eigenen Bedürfnisse werden denen des Partners untergeordnet, die Selbstwahrnehmung ist geschwächt. Eine eigene persönliche Entwicklung ist in der Partnerschaft nicht möglich.
Stellen Sie sich folgende Fragen zur individuellen *Yang*-Situation:

→ Wie gut nehme ich die Bedürfnisse des anderen wahr? Wie sehr richte ich mein Leben nach den Bedürfnissen des anderen aus?
→ Wie viel Zeit und Raum hat meine Beziehung in meinem Leben?
→ Wie drückt sich dies in der Gestaltung meines Lebensraumes aus? Gibt es genügend Raum für zwei in meinem Leben, und wie sieht dieser aus?

Individuelle Übung: Im Kreis atmen

Nehmen Sie sich einen Augenblick Zeit für die folgende Übung. Sie hilft Ihnen, die Dynamik des Wechselspiels von *Yin* und *Yang* am eigenen Leib zu erfahren. Zugleich balanciert diese Übung *Yin* und *Yang* in Ihrem Körper – Sie fühlen sich gestärkt und im Einklang mit Ihren Bedürfnissen.

- Setzen Sie sich auf einen Stuhl. Halten Sie Ihren Oberkörper gerade und stellen Sie Ihre Füße so hin, dass sie fest auf dem Boden ruhen. Platzieren Sie Ihre Hände auf den Oberschenkeln und lassen Sie Ihre Arme und Schultern locker. Achten Sie darauf, dass Sie sich in einer Sitzhaltung befinden, in der Sie den Atem frei und tief fließen lassen können.
- Atmen Sie langsam, gleichmäßig und tief ein.
- Irgendwann wird das Einatmen in ein Ausatmen übergehen. Versuchen Sie den Übergang glatt und geschmeidig werden zu lassen. Halten Sie nicht inne!
- Das Gleiche gilt, wenn Sie vom Ausatmen ins Einatmen übergehen: Lassen Sie beide Zustände ineinander übergehen.
- Stellen Sie sich vor, Sie atmen einen Kreis: Beim Ausatmen wölbt sich der Kreis nach außen, von Ihnen weg, und beim Einatmen folgt Ihnen die Wölbung des Kreises in Ihr Inneres.
- Finden Sie Ihren eigenen Rhythmus: Jeder Atemzug fließt gleichmäßig und ohne Pausen. Einatmen und Ausatmen gehen nahtlos ineinander über. Schließen Sie dabei die Augen und spüren Sie der Kreisbewegung nach, dem Wechsel zwischen Innen und Außen.

Yin und Yang in der Beziehung

Wenn wir eine Beziehung als eine Einheit betrachten, dann herrscht *Yin* in jenen Augenblicken, in denen die Trennung zwischen den Partnern aufgehoben ist. In diesen Momenten spüren wir, dass wir mit dem Partner aufs Engste verbunden sind. Ein gut entwickeltes *Yin* hilft einer Partnerschaft, der Umwelt gegenüber selbstbewusst aufzutreten und störende Einflüsse abzuwehren. *Yin* erzeugt das Gefühl, in einer Gemeinschaft mit dem anderen zu leben, das Leben mit dem anderen zu teilen.
Wird *Yin* in einer Beziehung zu stark, empfinden sich Partner wie eine unauflösliche Einheit: Doch statt sich gegenseitig zu motivieren und zur gemeinsamen Entwicklung anzuregen, sind beide sich selbst genug. Sie beschließen, den Zustand, in dem sie sich befinden, «einzufrieren», und dulden keine Einmischung von außen. Während die wechselseitige Abhängigkeit immer stärker wird, entfernt sich das Paar immer mehr von äußeren Kontakten: Freundschaften zerbrechen, familiäre Kontakte werden

vernachlässigt. Das Paar isoliert sich. Eine solche Beziehung ist nicht stabil, denn ihr fehlt die Möglichkeit der Entwicklung durch Anreize von außen.
Folgende Fragen können Ihnen helfen, die *Yin*-Situation in Ihrer Beziehung zu erforschen:

→ Wie eng fühlen wir uns in der Partnerschaft verbunden? Wie stark erleben wir uns als Einheit?
→ Wie gehen wir mit Impulsen aus der Umwelt um? Erleben wir Einflüsse von außen eher als Einmischung oder als Bereicherung unseres gemeinsamen Lebens?
→ Wie stark erlebt uns unsere Umwelt als ein Paar? Wie reagieren Freunde, Verwandte, Bekannte auf uns, wenn wir gemeinsam auftreten?

Yang ist hingegen immer dann in einer Partnerschaft gegeben, wenn die Unterschiede zwischen beiden Partnern besonders deutlich zutage treten. Unterschiede bedeuten immer auch Auseinandersetzung mit den Eigenschaften des anderen, die mir nicht so vertraut sind. Gerade in Meinungsverschiedenheiten kommt dieser Qualität eine besondere Bedeutung zu, denn die Überwindung von Streit und Querelen erfordert am Ende eine Anstrengung von beiden Seiten und die Fähigkeit zum Kompromiss: Für eine gemeinsame Lösung müssen beide etwas von sich selbst aufgeben.
Genau diese Unterschiede sind es, die in ihrer Summe die Einzigartigkeit der Partnerschaft ausmachen, wobei jeder Partner im anderen eine Herausforderung für die Entwicklung des eigenen Lebens sehen kann. Nur wenn der *Yang*-Aspekt in einer Partnerschaft gut entwickelt ist, kann eine Beziehung sich entwickeln. Zugleich erlaubt *Yang* einem Paar, sich auch nach außen hin zu öffnen und Einflüsse wahrzunehmen und zu integrieren.
Mit folgenden Fragen kommen Sie der *Yang*-Situation in Ihrer Beziehung auf die Schliche:

→ Wie deutlich können wir die Unterschiede zwischen uns erkennen? Wie wichtig ist es uns, dass jeder auch seine eigenen Wege gehen darf?
→ Wie gehen wir mit Streit um? Gelingt es uns, einen gemeinsamen Nenner zu finden?
→ Inwieweit erleben wir unsere Beziehung auch als Herausforderung für unsere persönliche Entwicklung? Habe ich das Gefühl, als Persönlichkeit zu wachsen?

Paar-Übung: Der Atem der Partnerschaft – das Yin und Yang der Beziehung erfahren

Diese Übung ist eine Erweiterung der Übung «Den Atem kreisen lassen». Sie gibt uns die Möglichkeit, *Yin* und *Yang* als körperliche Erfahrung zu durchleben. Diese Übung können Sie regelmäßig mit Ihrem Partner machen, denn sie stärkt auf Dauer die Beziehung und harmonisiert das Zusammenleben. Gerade in Situationen des Streites kann diese Übung helfen, ein Klima des respektvollen Miteinanders zu erzeugen, von dem aus leichter Lösungen für Probleme gefunden werden können.

- → Die Partner sitzen sich auf zwei Stühlen gegenüber. Rücken Sie bitte so nahe aneinander, dass Sie die Gegenwart des anderen deutlich spüren, sich aber nicht berühren.
- → Nehmen Sie sich einen Augenblick Zeit und schauen Sie sich an, ohne miteinander zu sprechen.
- → Nun schließen Sie beide die Augen und verfolgen eine Zeit lang den eigenen Atem. Erinnern Sie sich dabei an die Übung, den Atem kreisen zu lassen.
- → Dehnen Sie langsam den Kreis in Richtung Ihres Partners aus. Lassen Sie ihn behutsam mit jedem Atemzyklus wachsen.
- → Lassen Sie den Kreis so groß werden, bis seine Wölbung beim Ausatmen Ihr Gegenüber berührt: Ihr Atem fließt nun beim Ausatmen durch Ihren Partner hindurch, bevor er wieder zu Ihnen zurückkehrt.
- → Lassen Sie den Kreis einige Male auf diese Weise zwischen Ihnen kreisen. Spüren Sie den Empfindungen und Bildern nach, die dabei in Ihnen auftauchen.

Yin in der Partnerschaft ist also der Aspekt der *Verbundenheit* mit dem anderen, *Yang* der Aspekt der *Trennung*. Betrachten Sie zum besseren Verständnis folgende Abbildung:

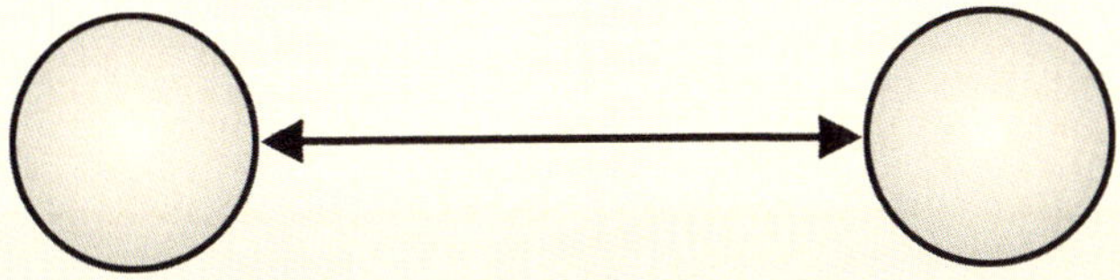

Die Linie zwischen den beiden Kreisen ist die Darstellung der Beziehung zwischen zwei Individuen: Sie *verbindet* und *trennt* beide zur gleichen Zeit. Verbindung und Trennung, *Yin* und *Yang*, sind also nur zwei Aspekte desselben, nämlich der Beziehung als Ganzes. Für eine Partnerschaft, in der das Glück zwischen zwei Menschen wachsen kann, ist es notwendig, beiden Aspekten gleichermaßen Rechnung zu tragen.

Je deutlicher ich mein eigenes **Yin** empfinde, umso mehr kann ich zum **Yang**-Aspekt der Partnerschaft beitragen. Und je besser ich meine **Yang**-Anteile leben kann, umso intensiver ist das Erleben von **Yin** in der Partnerschaft.

Yin und Yang in der Wohnung

Im Feng Shui unterscheiden wir Räumlichkeiten, die eher *Yin* sind, und andere, die eher *Yang* sind. Entsprechend ist es wichtig, darauf zu achten, dass diese Räume von uns so gestaltet werden, dass sie diese Eigenschaften widerspiegeln. Immer aber haben wir in einem *Yin*-Raum auch einen *Yang*-Punkt und in einem *Yang*-Raum ebenso einen *Yin*-Punkt – sonst ist das Gleichgewicht zwischen beiden Polen nicht gewährleistet.

Yang-Räume für die Partnerschaft

Yang-Räume sind: Alle Räume, in denen Aktivitäten stattfinden und die Kommunikation und Begegnung begünstigen. Auch Durchgangsräume sind *Yang*. Solche Räume sind zum Beispiel das Wohnzimmer, das Arbeitszimmer, der Hobbyraum, die Werkstatt, die Küche, das Esszimmer, der Flur, in Kinderzimmern Bereiche, in denen gespielt oder gelernt wird.
In der Partnerschaft sind *Yang*-Räume solche, in denen wir uns mit dem Partner auseinander setzen, den Kontakt mit ihm suchen und ihm unsere Aufmerksamkeit als

von uns getrenntes Individuum schenken. Das kann das Wohnzimmer sein, ein besonderer Bereich im Wohnzimmer oder auch die Essecke in der Wohnküche.
Wichtig ist, dass es sich um einen Ort handelt, an dem Sie gerne mit Ihrem Partner zusammenkommen, um sich auszutauschen und zu besprechen. Dieser Ort sollte eine klare und lebendige Ausstrahlung haben und eine wache Aufmerksamkeit für die Bedürfnisse des anderen ermöglichen. An einem solchen Ort können Sie gemeinsam den Alltag planen, miteinander spielen, aber auch Streitigkeiten klären.

Richten Sie solche **Yang**-Räume ein, indem Sie glatte Böden wie Parkett oder Fliesen, gute Ausleuchtung, lichtdurchlässige Vorhänge, leichte und luftige Stoffe, klare und helle Farben, aufrechte Formen dominieren lassen.

Yin-Räume für die Partnerschaft

Yin sind alle Räume, die eher einen privaten Charakter haben und zum Rückzug einladen. Typische *Yin*-Räume sind deshalb das Schlafzimmer, die Toiletten und das Badezimmer, eine Bibliothek, ein Meditationsraum, aber auch Lagerräume wie eine Speisekammer oder ein begehbarer Schrank.
In der Partnerschaft ist in erster Linie das gemeinsame Schlafzimmer ein solcher Raum; aber auch die gemeinsame Kuschelecke im Wohnzimmer oder auch das Badezimmer, in dem gemeinsame romantische Stunden in der Badewanne miteinander verlebt werden, gehören dazu.
Hier ist es wichtig, dass Orte geschaffen werden, an denen die Grenzen zum anderen nicht wichtig sind: Das Gemeinsame soll überwiegen. Ein solcher Ort sollte das Gefühl der Zusammengehörigkeit in Zweisamkeit stärken und eine Atmosphäre der Geborgenheit verbreiten.

Wählen Sie für **Yin**-Räume deshalb weiche Teppiche auf dem Boden, indirekte Beleuchtung und Dimmer, licht- und blickdichte Vorhänge, schwere Stoffe, gedeckte Farben und waagerechte Formen.

Die fünf Elemente

Vom Wechselspiel der Energien

Die fünf Gehweisen

«Das *tao* ist ein sanft leuchtendes Meer reinster Leere, ein perlmuttschimmernder Nebel, grenzenlos und unbefleckt. Geboren aus diesem Meer umwinden sich spielend zwei Drachen (*yang* und *yin*) … Aus ihrem Spiel entstehen fünf leuchtende Dämpfe (*wu xing*), blau, rot und gelb, weiß und schwarz. Schattenwerfend, wirbelnd, ringend und sich vermischend, geben sie dem Firmament seine Wölbung, der *Erde* ihre vier Seiten, den zehntausend Dingen ihre vergängliche Gestalt.» (Blofeld, Der Taoismus, S. 43)

Diese alte taoistische Allegorie zeigt, wie aus dem Wechselspiel der Energien fünf Grundkräfte entstehen, auf deren Zusammenspiel der Lauf des gesamten Universums beruht. Die Lehre von diesen fünf Kräften, der *Wu Xing*, nimmt im Feng Shui eine zentrale Stellung ein. Wer sich mit ihrem Wesen und ihrer wechselseitigen Dynamik auseinander setzt und sie versteht, der hat den Schlüssel zu gutem Feng Shui in allen Lebensräumen in der Hand.

Der Begriff Elemente ist dabei nicht ganz richtig, denn es handelt sich um fünf dynamische Prinzipien, die einen ineinander fließenden Kreislauf alles Lebendigen bilden, und nicht wie bei den vier abendländischen Elementen – *Feuer*, *Wasser*, Luft und *Erde* – um eher statische Bausteine des Universums, die sich lediglich miteinander mischen. Es ist daher besser, von *Wandlungsphasen* oder *Gehweisen* zu sprechen, weil diese Begriffe den beweglichen Aspekt betonen. Doch hat sich der Begriff *Elemente* inzwischen in der Literatur eingebürgert und soll auch hier verwendet werden.

Die Jahreszeiten dienen als Vorbild für die fünf Elemente. Aus der Art und Weise, wie sich die natürlichen Kräfte von Wachstum und Leben in den unterschiedlichen Phasen des Jahres ausdrücken, leiten sich Merkmale und Eigenschaften ab, die typisch sind für die Art der Wirkung des jeweiligen Elements. Das Wesentliche an den *Wu Xing* ist ihre ununterbrochene Wandlung. Jede Phase geht unweigerlich in die nächste über und erzeugt diese.

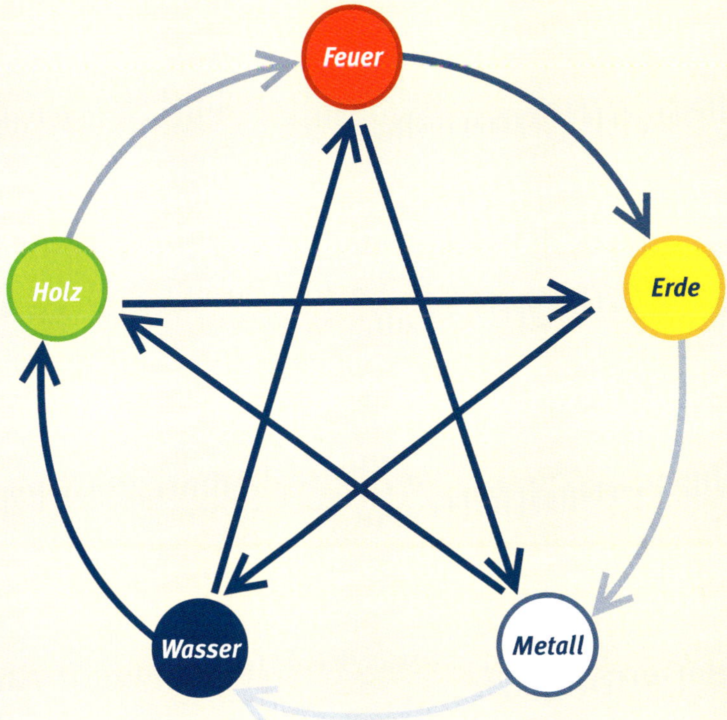

Die Zyklen der Elemente

Die Bedeutung der Elemente

Im Folgenden stelle ich Ihnen die Qualitäten der Elemente vor und zeige Ihnen, wie sich ihre Bedeutung aus der Betrachtung des Zyklus der Jahreszeiten ergeben hat.

Holz – Kraft des Aufbruchs

Holz verkörpert das Qi des Frühlings, wenn sich die gesamte Natur im Aufbruch befindet. Es steht deshalb für Bewegung nach außen und in alle Richtungen – wie Bäume, die im Verlauf ihres Wachstums nach allen Seiten den Raum ergreifen: Mit ihrer Krone streben sie zum Himmel hinauf, mit ihren Wurzeln in die *Erde* hinein, ihre

Zweige und Blätter strecken sich zur Seite.

Holz sorgt für Flexibilität, gepaart mit Stabilität – so wie sich die Äste und Zweige eines Baumes im Wind biegen, ohne zu brechen. Als Energie des Frühlings verleiht es Tatendrang und neue Ideen. Richtig eingesetzt, macht es optimistisch und gibt Mut zur Veränderung.

Feuer – Kraft der Transformation

Feuer steht für die transformierende Kraft der Sommerhitze, welche die Früchte der *Erde* reifen lässt. Es äußert sich deshalb in einem Streben nach oben – so wie die Flamme sich nach oben verjüngend aufsteigt.

Feuer steht deshalb für Ausstrahlung von Licht und Wärme. Es ist von heiterer und lebhafter Natur und verkörpert Enthusiasmus ebenso wie die Hingabe an andere – so wie *Feuer* Helligkeit und Hitze spendet. Richtig eingesetzt, verleiht es Willenskraft und Selbstbewusstsein und hilft uns, ein Vorbild durch unsere Taten zu sein.

Erde – Kraft der Ruhe

Erde entspricht im Grunde keiner eigenen Jahreszeit, sondern verkörpert den gemeinsamen Bezugspunkt aller Elemente – die Kraft der Manifestation. Während *Holz, Feuer, Metall* und *Wasser* umformende Kräfte darstellen, ist *Erde* eine bewahrende Form von Qi. Als verbindende Kraft strebt es danach, den Wandlungen Dauerhaftigkeit und Stabilität zu verleihen. *Erde* sorgt deshalb dafür, dass die Elemente eine Ausdehnung in die Materie erfahren, sich konkretisieren können, denn sie besitzt die Kraft zu sammeln, zu speichern, aufzunehmen.

Da *Erde* eigentlich in jeder Jahreszeit gegenwärtig ist, vor allen Dingen in den Übergängen, und eher die Kraft räumlicher Ausdehnung und nicht so sehr die Kraft zeitlicher Entwicklung verkörpert, kann man sie auch als Mitte der Wandlungsphasen begreifen. Andererseits kann ihre Kraft am besten im Spätsommer erfahren werden, wenn die Kraft des *Feuers* zwar nachgelassen hat, seine Wärme aber im Erdboden gespeichert ist und von dort weiter abgestrahlt wird.

Erde bringt Ruhe und Gelassenheit ins Spiel. Richtig angewandt, verhilft dieses Element zu Geduld und Vertrauen. Es macht zuverlässig und beständig und stabilisiert.

Metall – Kraft der Vollendung

Im Herbst herrscht *Metall*-Qi vor. Es vollendet die Dinge, indem sie ihrer

Bestimmung übergeben werden. Für die Früchte des Feldes bedeutet dies die Erntezeit, und so mag das Werkzeug der Schnitter Vorbild für diese Art von Qi gewesen sein. *Metall* zeigt konzentrierende Eigenschaften, so wie sich das Leben im Herbst allmählich zurückzieht und in sich kehrt.
Metall steht für Vollendung und die Kraft der Objektivität. Es macht entschlossen und verschafft Klarheit. Richtig eingesetzt, verhilft es uns zu mehr Konzentration und größerer Disziplin.

Wasser – Kraft der Tiefe

Der Winter bringt das Qi des *Wassers* hervor. *Wasser* bewegt sich stets nach unten und sammelt sich am tiefsten Punkt – so wie sich das Leben mit dem Verschwinden der Vegetation tief unter die Erdoberfläche zurückgezogen hat. *Wasser* kann sich allen Formen anpassen und besitzt doch die Kraft, auf Dauer den stärksten Stein zu «höhlen».
Wasser bringt Erkenntnis und Innenschau. Richtig eingesetzt, kann es helfen loszulassen und sich selbst zurückzunehmen. Es löst Blockaden in der Kommunikation durch Einsicht und Verständnis.

Der nährende Zyklus – neue Kraft gewinnen

Diese fünf Phasen sind nicht statisch, sondern befinden sich ununterbrochen im Fluss. Sie gehen ineinander über, verwandeln sich ineinander und bilden einen sich schließenden Kreis. In diesem Zyklus «nährt» ein Element das folgende und bildet die notwendige Grundlage für dessen Wirken.

Am besten können Sie sich den Zyklus so merken:

Wandlung	Merkbild
Holz wandelt sich in *Feuer*.	*Holz ist die Grundlage für Feuer …*
Feuer wandelt sich in *Erde*.	*… und verbrennt zu Asche (Erde).*
Erde wandelt sich in *Metall*.	*Im Stein (Erde) finden wir Erz (Metall),*
Metall wandelt sich in *Wasser*.	*… welches geschmolzen fließt wie Wasser.*
Wasser wandelt sich in *Holz*.	*Wasser ist die Grundlage für das Wachstum von Holz.*

Nährender Zyklus

Der nährende Zyklus kommt immer dann zum Einsatz, wenn wir einem Element Kraft zuführen wollen. Wenn Sie später Ihr persönliches Feng-Shui-Element herausgefunden haben, dann hilft Ihnen das im Zyklus vorangehende, nährende Element, in Zeiten der Schwäche neue Energie zu gewinnen.

Der ableitende Zyklus – das rechte Maß finden

Wenn wir nun die Perspektive ändern und in entgegengesetzter Richtung diesen Zyklus beschreiben, sehen wir, wie das nachfolgende Element seinem Vorgänger Energie entzieht. Jede Wandlungsphase nährt sich dabei auf Kosten der vorangehenden, sodass diese natürlich an Kraft verliert. Man könnte auch sagen: Jedes Element leitet an das nachfolgende Element einen Teil seiner Energie ab. Deshalb nennen wir diesen Zyklus *ableitenden Zyklus*:

Wandlung	Merkbild
Feuer entzieht *Holz* die Energie.	*Das brennende Feuer verzehrt Holz.*
Holz entzieht *Wasser* die Energie.	*Die Wurzeln der Pflanzen saugen das Wasser auf.*
Wasser entzieht *Metall* die Energie.	*Wasser kühlt das geschmolzene Metall ab.*
Metall entzieht *Erde* die Energie.	*Der Pflug bearbeitet den Acker.*
Erde entzieht *Feuer* die Energie.	*Steine speichern die Wärme des Feuers.*

Ableitender Zyklus

Diesen Zyklus können wir gut gebrauchen, wenn wir zu viel Energie haben – und auch ein Zuviel ist immer ein Zeichen von Ungleichgewicht! Wenn wir uns zum Beispiel unausgelastet fühlen und die Kräfte unseres persönlichen Feng-Shui-Elements sich nicht zeigen und entfalten können, kommt es zu einem Energiestau in uns. Um diese Blockade zu lösen können wir die überschüssige Energie ableiten und dem Zyklus wieder zuführen.

Der kontrollierende Zyklus

Dann gibt es noch den Zyklus, in dem jeweils die übernächsten Elemente miteinander verbunden werden. In der Mitte unserer Kreisdarstellung bildet sich so ein eingeschriebener Fünfstern. In diesem Zyklus kontrollieren sich die Elemente gegenseitig, d. h., sie schränken die ungehinderte Entfaltung ein und verhindern so, dass eine Aktionsform zu dominieren beginnt und so das ganze Gefüge aus dem Gleichgewicht gerät:

Wandlung	Merkbild
Holz kontrolliert *Erde.*	*Die Wurzeln der Pflanzen verdrängen Erde.*
Erde kontrolliert *Wasser.*	*Aus Erde und Stein baut man Eindämmungen für Wasser.*
Wasser kontrolliert *Feuer.*	*Wasser löscht Feuer.*
Feuer kontrolliert *Metall.*	*Feuer ist in der Lage, Metall zu schmelzen.*
Metall kontrolliert *Holz.*	*Aus Metall sind Äxte, um Holz zu schlagen.*

Kontrollierender Zyklus

Mit dem kontrollierenden Zyklus zu arbeiten bedarf einiger Übung. Er sollte auf jeden Fall nicht auf Dauer, sondern nur gezielt eingesetzt werden, um bestehende Blockaden zu lösen. Dem nährenden und dem ableitenden Zyklus ist auf alle Fälle der Vorzug zu geben. Eine besondere Bewandtnis hat es mit dem Element, dass sich zwischen zwei Elementen des kontrollierenden Zyklus befindet und gewissermaßen eine Brücke bildet. Es kann als ein Vermittler zwischen den Wandlungsphasen betrachtet werden und sorgt auf diese Weise für einen sanften Ausgleich der Kräfte. Das *Brücken-Element* schließt den Zyklus und lässt die Energien wieder ungehindert fließen.
Das wird später wichtig, wenn wir Partnerschaften zwischen zwei Elemente-Typen betrachten, die sich in einem Verhältnis des kontrollierenden Zyklus zueinander befinden: Sie brauchen das Brücken-Element, um eine harmonische Verbindung aufzubauen.

Die fünf Beziehungstypen

Das Arbeiten mit den fünf Elementen ist das Kernstück des Feng Shui. Jedem Element sind Farben, Formen, Düfte, Geschmäcker etc. zugeordnet, die wiederum bei der harmonischen Gestaltung unseres Zuhauses eine wichtige Rolle spielen. Auch jeder Mensch besitzt eine besondere Nähe zu einem der fünf Elemente. Welches Element einem Menschen entspricht, kann ganz leicht aus seinem Geburtsdatum berechnet werden. Daraus können Sie wiederum wichtige Rückschlüsse ziehen, was ein Mensch in seiner Umgebung braucht, um sich aufgehoben und geborgen zu fühlen. Und so berechnen Sie Ihren Elemente-Typ:

Schritt 1: Ermitteln Sie Ihre Jahreszahl

Schlagen Sie in der Tabelle auf den folgenden Seiten Ihr Geburtsjahr nach und notieren Sie sich Ihre *Jahreszahl.*

ACHTUNG! Wenn Sie *vor oder am 3. Februar* geboren sind, gehören Sie nach dem chinesischen Kalender in das vorangehende Jahr – wenn Sie also am 13. 1. 1967 geboren sind, müssen Sie unter «1966» nachschlagen! Wenn eine Jahreszahl farbig unterlegt ist, gilt diese Regel für alle, die *vor oder am 4. Februar* geboren sind.

Jahreszahlen-Tabelle

Geburtsjahr	Jahreszahl für Männer	Jahreszahl für Frauen
1920	8	7
1921	7	8
1922	6	9
1923	5	1
1924	4	2
1925	3	3
1926	2	4
1927	1	5
1928	9	6
1929	8	7
1930	7	8
1931	6	9
1932	5	1
1933	4	2
1934	3	3
1935	2	4
1936	1	5
1937	9	6
1938	8	7
1939	7	8
1940	6	9
1941	5	1
1942	4	2
1943	3	3
1944	2	4
1945	1	5
1946	9	6
1947	8	7

Geburtsjahr	Jahreszahl für Männer	Jahreszahl für Frauen	Geburtsjahr	Jahreszahl für Männer	Jahreszahl für Frauen
1948	7	8	1976	6	9
1949	6	9	1977	5	1
1950	5	1	1978	4	2
1951	4	2	1979	3	3
1952	3	3	1980	2	4
1953	2	4	1981	1	5
1954	1	5	1982	9	6
1955	9	6	1983	8	7
1956	8	7	1984	7	8
1957	7	8	1985	6	9
1958	6	9	1986	5	1
1959	5	1	1987	4	2
1960	4	2	1988	3	3
1961	3	3	1989	2	4
1962	2	4	1990	1	5
1963	1	5	1991	9	6
1964	9	6	1992	8	7
1965	8	7	1993	7	8
1966	7	8	1994	6	9
1967	6	9	1995	5	1
1968	5	1	1996	4	2
1969	4	2	1997	3	3
1970	3	3	1998	2	4
1971	2	4	1999	1	5
1972	1	5	2000	9	6
1973	9	6	2001	8	7
1974	8	7	2002	7	8
1975	7	8	2003	6	9

Schritt 2: Ermitteln Sie Ihr Feng-Shui-Element

Suchen Sie in der linken Spalte den Zeitraum, in welchen Ihr Geburtstag fällt und lesen Sie in der daneben stehenden Spalte Ihr persönliches Feng-Shui-Element ab. Je nachdem, ob Sie ein Mann oder eine Frau sind, ergibt sich ein anderes Element.
Beispiel: Ein Mann, der am 13. Januar 1967 geboren ist, hat die Jahreszahl «3»: Er schlägt also in der Spalte «C» nach. Dort findet er seinen Geburtstag zwischen dem 5. Januar und dem 4. Februar – sein Feng-Shui-Element ist folglich *Holz*.

Geburtstag zwischen …	Feng-Shui-Element					
	A		B		C	
für die Jahreszahlen	1		2		3	
	4		5		6	
	7		8		9	
	♂	♀	♂	♀	♂	♀
(11.) 1. Januar und 4. Januar	M	E	W	E	H	E
12. 5. Januar und 4. Februar	M	F	F	M	H	H
1. 5. Februar und 4. März	E	M	E	H	E	W
2. 5. März und 3. April	M	E	W	E	H	E
3. 4. April und 4. Mai	M	F	F	M	E	H
4. 5. Mai und 4. Juni	E	W	E	M	W	H
5. 5. Juni und 6. Juli	H	E	M	E	F	E
6. 7. Juli und 6. August	H	H	M	F	E	M
7. 7. August und 6. September	E	H	E	W	M	M
8. 7. September und 8. Oktober	W	E	H	E	M	E
9. 9. Oktober und 6. November	F	M	H	H	E	F
10. 7. November und 6. Dezember	E	M	E	H	H	W
11. 7. Dezember und 31. Dezember	M	E	W	E	H	E

Legende: H = Holz, F = Feuer, E = Erde, M = Metall, W = Wasser.

Anmerkung: Die angegebenen Zeiträume beruhen auf dem Kalender der chinesischen Sonnenmonate (jié qì), deren Zählung mit dem chinesischen Frühlingsanfang um den 4. Februar beginnt (siehe linke Spalte). Da sich dieses Datum jedoch auf der Grundlage astronomischer Berechnungen ergibt, kann es von Jahr zu Jahr zu Abweichungen von einem oder sogar zwei Tagen für die einzelnen Monatsanfänge kommen.
Wer es im Zweifelsfall genauer wissen möchte, findet die exakten Angaben zu den Anfängen der chinesischen Sonnenmonate auf der Homepage **www.phoenix-astrologie.de** oder wendet sich direkt an den Autor unter der Adresse im Anhang.

Holz-Typ

Der Abenteurer

Der *Holz*-Typ zeigt sich seiner Umwelt gerne voller Mut und Durchsetzungskraft. Er ist ein wahrer Pionier und immer dort zur Stelle, wo es darum geht, neue Lösungen für scheinbar festgefahrene Situationen zu finden. Gerne setzt er seinen Optimismus und seine Entschlossenheit ein, um eine Aufbruchstimmung zu schaffen, in der Raum für neue Ideen erzeugt wird.

Was Sie als Holz-Typ zu einer Beziehung beitragen

In der Partnerschaft können Sie als *Holz*-Typ ein wahrer Quell der Inspiration sein: Ihre Unternehmungslust und Ihr Sinn für den Aufbruch zu neuen Ufern belebt jede Beziehung und vermag schnell in eingefahrene Verhaltensmuster Bewegung zu bringen. Mit Ihnen wird es nie langweilig! Gerade wenn es auf wichtige Entscheidungen ankommt, sind Sie mit Ihrem Sinn für Möglichkeiten selbst in festgefahrenen Situationen ein wichtiger Impulsgeber.
Sie können Ihrem Partner ein Symbol schenken und damit Ihre Verbundenheit demonstrieren: Suchen Sie sich einfach aus den Entsprechungen für *Holz* etwas aus, das für Sie die Qualitäten dieses Elements ganz besonders symbolisiert.

Was Sie als Holz-Typ zu einer Beziehung brauchen

So unternehmungslustig und spontan Sie als *Holz*-Typ auch sind, Sie brauchen in einer Beziehung Perspektiven. Es ist Ihnen wichtig zu wissen, was es bedeutet, eine gemeinsame Zukunft mit einem anderen Menschen zu haben. Daher wünschen Sie sich eine Vision der Partnerschaft, in die beide hineinwachsen können. Doch der Reiz des

Neuen darf Ihnen nicht verloren gehen: Sie brauchen einen Partner, der Sie gerade durch seine Andersartigkeit und seine Individualität in Bewegung hält. Glück in einer Partnerschaft bedeutet für Sie deshalb auch, für sich sein und Momente des Alleinseins genießen zu können, um ungestört Ihren eigenen Bedürfnissen, Gedanken und Gefühlen nachzugehen.

Wasser stärkt den Holz-Typ in Beziehungen

Im Zyklus der fünf Elemente geht dem *Holz*-Typ das Element *Wasser* voran und nährt es. Wenn Sie sich also geschwächt fühlen und glauben, nicht auf Ihre Kosten zu kommen, dann sollten Sie sich aus den Entsprechungen für dieses Element etwas aussuchen.

Mehr Power für den Holz-Single mit Feuer

Als Single profitieren Sie auch von dem das *Holz* nährenden Element *Wasser* – doch das allein reicht nicht aus. Zusätzlich sollten Sie sich Entsprechungen aus dem Element wählen, das *Holz* folgt, also *Feuer*, denn es sorgt dafür, dass Sie das, was in Ihnen steckt, auch zeigen und nach außen hin darstellen können. Kurz: Es bringt die besten Seiten an Ihnen zum Vorschein, macht Ihnen Mut und feuert Ihren Pioniergeist erst richtig an.

Feuer-Typ

Der Leidenschaftliche

Es ist die Leidenschaft, welche einen echten *Feuer*-Typ beseelt und alle seine Handlungen beflügelt. Ihrer Überzeugungskraft und Ihrem Enthusiasmus kann sich niemand so leicht entziehen, und deshalb sind Sie eine geborene Führungspersönlichkeit. In der Tat springt der «Funken der Begeisterung» schnell von Ihnen auf andere über. Mit Leichtigkeit und Freude sind Sie bei der Sache und können anderen einen Eindruck davon vermitteln, wie es sich anfühlt, wenn man mit «*Feuer*-Eifer» bei einer Sache ist.

Was Sie als Feuer-Typ zu einer Beziehung beitragen

Eine Beziehung ohne *Feuer* der Leidenschaft – das ist mit Ihnen nicht zu haben. Selbst die sprödesten Herzen öffnen sich Ihrem Charme und entdecken durch Sie die Lust am Augenblick und die Hingabe an Liebe und Leben. Dies ist Ihr Geschenk an den Partner: Vertrauen in das Hier und Jetzt und der klare, unverstellte Blick auf das, was ist.
Schenken Sie doch Ihrem Partner

symbolisch ein Stück von dieser Kraft und suchen Sie sich aus der Palette der *Feuer*-Entsprechungen etwas aus.

Was Sie als Feuer-Typ in einer Beziehung brauchen

Um Ihre Energien angemessen ausleben zu können, brauchen Sie Gelegenheiten, in denen Sie sich frei entfalten können. Besonders wichtig ist Ihnen, Bestätigung von Ihrem Partner zu bekommen, Zeichen der Anerkennung und Zuneigung zu erhalten. Das muss nichts Großartiges sein, oft genügt eine kleine zärtliche Geste, die aber Ihr Herz groß und weit macht und Sie mit Liebe erfüllt. Manchmal sind Sie auch etwas fahrig und ungeduldig mit sich selbst und anderen, weil Ihnen alles zu langsam geht. Dann wünschen Sie sich, in Ihrer Beziehung Ruhe und Kraft zu finden, um wieder zur eigenen Mitte zu finden.

Holz stärkt den Feuer-Typ in Beziehungen

Wenn Sie sich geschwächt fühlen und das Gefühl haben, Ihre Fähigkeiten und Gaben nicht angemessen in die Beziehung einbringen zu können, beziehen Sie neue Energie und neue Kraft aus dem Element *Holz*. Suchen Sie einfach diejenige Entsprechung aus, auf die Sie gerade Lust haben – und lassen Sie sich davon beflügeln!

Mehr Souveränität für den Feuer-Single durch Erde

Als Single kommen Ihnen die Entsprechungen des *Holz*-Elements natürlich auch entgegen, denn *Holz* heizt Sie als *Feuer*-Typ erst so richtig an und bringt Ihr Blut in Wallung. Doch das allein reicht nicht aus: Erst das Element *Erde* schafft die nötige Sicherheit im Auftreten und minimiert die Gefahr vor leidenschaftlichen Ausbrüchen, die im Umgang mit anderen Menschen nicht immer so positiv ankommen, wie Sie sie empfinden. *Erde* hilft Ihnen zu größerer Gelassenheit und gibt Ihnen einen Anstrich von Souveränität.

Erde-Typ

Man schätzt Sie für Ihre praktische Ader und vor allen Dingen für Ihre Zuverlässigkeit, denn was auch immer Sie sich vorgenommen haben – Sie machen es auch. Sie wollen Nägel mit Köpfen machen, das endlose Theoretisieren liegt Ihnen nicht. Dabei versuchen Sie das Nützliche mit dem Angenehmen zu verbinden, wollen nicht nur praktisch denken, sondern auch kreativ gestalten. Gerade Ihnen ist eine liebevolle und Geborgenheit spendende Umgebung besonders wichtig.

Was Sie als Erde-Typ zu einer Beziehung beitragen

Ihre große Stärke ist Ihre praktische Vernunft, denn das bringt Gelassenheit und Vertrauen in die Beziehung. Mit Ihrer Besonnenheit und Ihrer Sorgsamkeit, was die liebevolle Atmosphäre in der Beziehung angeht, verleihen Sie der Zweisamkeit das Gefühl von Stabilität. Gerade auf der Ebene der Gefühle sind Sie ein Mensch, auf den sich Ihr Partner gerne verlassen kann: Treue und Ernsthaftigkeit verbinden Sie mit Sinnlichkeit und Innigkeit.

Was Sie als Erde-Typ in einer Beziehung brauchen

Auch als *Erde*-Typ sind Sie nicht immer in Harmonie mit sich selbst und können nicht jederzeit Ihr Bestes geben. Das macht sich hin und wieder in einer gewissen Unwilligkeit gegenüber Veränderungen bemerkbar, und anstatt in neuen Chancen kreative Herausforderungen zu sehen, reagieren Sie eher launisch und sind nicht bei der Sache. Sie brauchen deshalb Impulse der Begeisterung in einer Beziehung, müssen spüren, dass diese Beziehung lebendig ist und Sie aus der Reserve lockt. Sie brauchen einen Stachel in Ihrer Seite, der Sie davon abhält, in eine kuschelige Trägheit zu verfallen, die bald in Langeweile umschlagen muss. Vor allen Dingen die Öffnung der Beziehung hin zu anderen Menschen ist wichtig, denn in einer isolierten Partnerschaft geht Ihre Kreativität verloren.

Feuer stärkt den Erde-Typ in der Beziehung

In Zeiten, in denen Sie den Eindruck von sich selbst haben, zu schwach zu sein, um sich voll und ganz um Ihre Beziehung zu bemühen, brauchen Sie als *Erde*-Typ die Kraft von *Feuer*. Stärken Sie Ihre Umgebung und sich selbst mit Entsprechungen dieses Elements!

Mehr Entschlossenheit für den Erde-Single durch Metall

Als Single profitieren Sie natürlich auch von *Feuer*, denn es verhilft Ihnen zu mehr Selbstsicherheit im Umgang mit anderen Menschen. Doch zusätzlich sollten Sie das Element *Metall* stärken, weil es dem *Erde*-Typ eine klare Ausrichtung gibt und die Kraft, sich mit großer Entschlossenheit aus seinen vier Wänden in das Getümmel der Welt hinauszuwagen.

Metall-Typ

Wer sich durch eine uneigennützige, ganz von Interesse an der Umwelt getragenen Art bemerkbar macht, trägt die Eigenschaften von *Metall*. *Metall*-Typen beobachten ganz genau, wie es den Menschen in ihrem Umfeld gerade geht, und versuchen dort, wo es nötig erscheint, für Ausgleich zu sorgen. Deshalb sind *Metall*-Typen in der Regel als gerechte und vor allen Dingen scharfsinnige Zeitgenossen bekannt, deren Urteil man gerne einholt und nach denen man sich gerne richtet.

Was Sie als Metall-Typ zu einer Beziehung beitragen

In einer Beziehung sind Sie es, der die Sache auf den Punkt bringen kann, wenn es mal wieder chaotisch wird. Sie behalten einen klaren Verstand und einen kühlen Kopf, weil Sie wissen, dass nichts so heiß gegessen wird, wie es gekocht wird. Dabei strahlen Sie so viel Besonnenheit und zugleich echtes Interesse am anderen aus, dass oft schon Ihre Anwesenheit Probleme dahinschmelzen lässt. Ihre Fähigkeit, auch mal distanziert auf das Leben zu blicken und sich nicht nur von Emotionen leiten zu lassen, hilft, Perspektiven für die Zukunft zu entwickeln. Oft ist es Ihnen zu verdanken, dass eine Beziehung nicht aus der Laune eines Moments heraus aufs Spiel gesetzt wird, sondern das Wesen der Partnerschaft immer präsent bleibt. Schenken Sie doch Ihrem Partner ein Stück Ihrer besten Seiten und suchen Sie sich dazu etwas aus den Entsprechungen des Elements *Metall* aus!

Was Sie als Metall-Typ in einer Beziehung brauchen

Auch eine *Metall*-Persönlichkeit verliert mal die Fassung und ist unzufrieden mit sich und vor allen Dingen mit der Welt. Ungern verliert er die Kontrolle über sein Leben und neigt dazu, päpstlicher als der Papst zu werden. Ein bisschen Wärme und Zuneigung wirken da schon Wunder! Schon sehen Sie die Dinge nicht mehr ganz so eng und sind auch in der Lage, mal loszulassen. Auch wenn Sie über das Ziel hinausschießen und sich zu sehr von den Bedürfnissen Ihrer Umgebung leiten lassen, wenn Sie es also «zu gut» meinen, kann Ihnen die Beziehung helfen, wieder zu sich selbst zu finden. Dazu ist nichts weiter notwendig als ein klärendes Gespräch oder ein entspannender Abend in trauter Zweisamkeit, damit Sie Ihre Energie wieder auf sich selbst richten können und sich nicht in reiner Pflichterfüllung verlieren.

Erde stärkt den Metall-Typ in einer Beziehung

Wenn Sie sich mal nicht sonderlich gut in Kontakt mit sich selbst und kraftlos im Umgang mit anderen fühlen, dann hilft Ihnen die Palette der Entsprechungen des Elements *Erde*, etwas zu finden, das Sie wieder auf die Beine stellt. Suchen Sie sich etwas aus, das Ihnen spontan zusagt!

Mehr Kreativität für den Metall-Single durch Wasser

Als *Metall*-Typ, der auf der Suche ist, neigen Sie möglicherweise dazu, immer wieder die gleiche Strategie anzuwenden, um auf andere Menschen zuzugehen. Wenn es dann nicht so klappt, denken Sie wahrscheinlich eher, dass der Fehler beim anderen liegen müsste als bei Ihrer Art und Weise, auf ihn oder sie zuzugehen. Hier hilft *Wasser*, um auch mal andere Wege einzuschlagen und flexibler auf die Menschen, die Sie interessant finden, einzugehen.

Wasser-Typ

Wer von den Kräften des Elements *Wasser* beseelt ist, der schöpft gerne aus dem Vollen und zeichnet sich durch einen besonders guten Zugang zu den Quellen seiner Kreativität aus. Aber das allein genügt Ihnen als *Wasser*-Persönlichkeit nicht: Sie wollen Ihre Ideen und Gedanken anderen verständlich machen, sich mitteilen und sich ausdrücken. Nur so haben Sie das Gefühl, Ihr inneres Potenzial ungehindert entfalten zu können. *Wasser*-Typen schaffen es mit Leichtigkeit, auf den Grund der Dinge zu kommen. So können sie helfen, Probleme zu lösen, indem sie zum Verständnis der Situation beitragen.

Was Sie als Wasser-Typ zu einer Beziehung beitragen

Ihre große Stärke ist die Kommunikation: Sie sind der geborene Vermittler, der es versteht, Brücken zu bauen zwischen Menschen, gerade dort, wo die Abgründe besonders unüberwindbar erscheinen. Das kommt einer Beziehung natürlich zugute, denn mit Ihnen findet sich immer ein Weg selbst aus der größten Bedrängnis. Sie verhelfen Ihrem Partner zu einem größeren Verständnis der Zusammenhänge und können dies auf ganz natürliche Weise vermitteln. Zudem kommt mit Ihnen Vielfalt und Farbe in die Partnerschaft, denn Ihr Interesse an allen Dingen, die das Leben spannender machen, ist unerschöpflich. Aus Ihrer Mitte entspringt so manche Idee, welche die Zweisamkeit bereichert und belebt.

Wenn Sie Ihrem Partner ein Geschenk aus den Entsprechungen Ihres Elements machen, geben Sie dem anderen ein Stück von sich und Ihren Qualitäten mit. Dies schafft eine starke Verbundenheit, wo auch immer Sie oder Ihr Partner sich befindet.

Was Sie als Wasser-Typ in einer Beziehung brauchen

Mutlosigkeit und Niedergeschlagenheit steigen in Ihnen auf, wenn Sie sich kraftlos fühlen. Dann beschleicht Sie das Gefühl, den Anforderungen des Alltäglichen nicht mehr gerecht zu werden, und Sie verlieren die Lust, sich am Leben zu beteiligen. Da ist es wichtig, dass Sie in einer Beziehung einen Menschen an der Seite haben, der Ihnen Ihren Platz in der Gemeinschaft zeigen kann und Ihnen das Gefühl vermittelt, gebraucht zu werden. Zugleich hilft es Ihnen, wenn Ihr Partner Ihnen hilft, gegen das allgegenwärtige Chaos vorzugehen, das Sie auf Schritt und Tritt zu begleiten scheint, sobald Sie einmal etwas den Boden unter den Füßen verloren haben. Sie brauchen das Gefühl, nicht allein auf der Welt zu sein, sondern in der Gemeinschaft Ihrer Beziehung einen Zufluchtsort zu haben, der Sie stabilisiert und motiviert.

Metall stärkt den Wasser-Typ in einer Beziehung

Wenn Sie sich in unruhigen Zeiten selbst etwas Gutes tun wollen, dann suchen Sie aus den Entsprechungen für das Element *Metall* etwas aus und gestalten Sie damit für eine Weile Ihren Alltag. Dies hilft Ihnen, konzentrierter vorzugehen und Ihre Aufgabe in der Gemeinschaft mit anderen besser wahrzunehmen.

Mehr Mut für den Wasser-Single durch Holz

Als *Wasser*-Single haben Sie sicherlich jede Menge Ideen, wie Sie auf andere Menschen zugehen könnten – allein: Der Mut fehlt oft, diese Ideen anzupacken und umzusetzen. Hier helfen die Entsprechungen aus dem Bereich *Holz*, denn dieses Element verschafft Ihnen die notwendigen Perspektiven, um Ihrem Single-Dasein den Garaus zu machen.

Liebe, Lust und Leidenschaft der Elemente

Was geschieht, wenn Menschen unterschiedlichen Elements zusammenfinden oder wenn der gleiche Elemente-Typ sich in einer Beziehung wiederfindet? Gleich vorweg sei gesagt: Es wäre ein großer Irrtum zu glauben, es gäbe Kombinationen, die nicht funktionieren könnten. Denn: Jede Kombination hat ihre Vorzüge und ihre Schwachstellen. Zugegeben: Manche Elemente-Verbindungen tun sich vordergründig leichter damit, Gemeinsamkeiten zu entdecken und sich gegenseitig zu fördern. Andere wiederum erarbeiten sich diese Qualitäten erst und brauchen eine gewisse Zeit, um sich zusammenzuraufen. Dafür aber sind solche Beziehungen oft voller Leben und fordern die Partner in ihrer individuellen Entwicklung stärker heraus, während die augenscheinlichen «idealen» Verbindungen Gefahr laufen, sich nur allzu schnell in Routine zu verbrauchen und an Spannkraft zu verlieren.
In beiden Fällen hilft die Feng-Shui-Lehre vom Zyklus der fünf Wandlungsphasen, die Dynamik zwischen den Elementen zu verstehen, und zeigt zugleich, was einer Beziehung fehlt, damit sie nicht nur harmonischer und stabiler wird, sondern auch die Stärken beider Partner besser zur Geltung kommen. Erst dadurch bekommt die Beziehung einen unverwechselbaren Charakter.
Zu Ihrer Orientierung empfehle ich, sich das Schema der Zyklen der fünf Elemente noch einmal zu vergegenwärtigen (vgl. S. 27). Sie dienen als Schlüssel, um die geeigneten Heilmittel zu finden.
Nachdem ich Ihnen ganz allgemein den Charakter einer Beziehung zwischen zwei Elemente-Typen geschildert habe, mit den entsprechenden Schwächen und Stärken, die sich aus dem Miteinander ergeben können, finden Sie hier nun einige Tipps und Anregungen zur Gestaltung des gemeinsamen Lebensraumes. Dabei liegt das besondere Augenmerk auf dem Schlafzimmer. Neben den eher allgemeinen Einrichtungshinweisen, wie sie im Folgenden vorgestellt werden, können Sie dann gezielter auf Dekoration und Accessoires eingehen, um das für Ihre Partnerschaft passende Ambiente zu schaffen. Die Tipps sind natürlich nur als Anre-

gungen gedacht und sollen Ihnen lediglich als Appetithappen dienen, sich aus der Fülle an Entsprechungen diejenigen herauszusuchen, die Ihnen am besten gefallen.
Besonderen Wert sollte auch auf die gemeinsamen Aktivitäten gelegt werden, denn neben einer geeigneten Umgebung schaffen gemeinsame Unternehmungen Bindung und das Gefühl von Zugehörigkeit und bauen zusätzlich überschüssige Energien ab, die sich möglicherweise sonst in Streit und Querelen Luft machen.

Holz und Holz

Holz und *Holz* ist wie «Pack schlägt sich, Pack verträgt sich». Wenn zwei so kreative Geister aufeinander treffen, kommt es möglicherweise zu einer Konkurrenzsituation, in der sich die Partner an Originalität und Esprit zu überbieten suchen. Das kann auf der einen Seite sehr inspirierend sein, ist aber auf der anderen Seite auch Grund für Stress, denn zur Ruhe kommen beide kaum.
Um den gemeinsamen Höhenflug des Geistes ein wenig zu bremsen und neben all den Inspirationen auch Dinge zu konkretisieren, empfiehlt es sich, das Element *Feuer* einzusetzen: Wie wäre es mit einem gemeinsamen Saunagang oder regelmäßigen gemeinsamen Fitness-Aktivitäten? Auch der gemeinsame Urlaub in einem sonnigen Land kann Wunder wirken. Im Schlafzimmer darf es ruhig etwas mehr Rot sein – die rote Seidenbettwäsche, der rote Lampenschirm, aber auch das kuschelige Schaffell schaffen feurige Akzente.

Holz und Feuer

Holz nährt *Feuer* – dies gilt als eine besonders erfolgversprechende Kombination, denn Kreativität verbindet sich mit Zielstrebigkeit und Willenskraft. Ideen können gut umgesetzt werden und finden im *Feuer*-Partner jemanden, der weiß, wie wichtig es ist, nicht den Boden unter den Füßen zu verlieren, sondern realistisch zu bleiben. Der *Holz*-Partner hingegen steuert mit seiner schöpferischen Intelligenz genügend Potenzial bei, das darauf drängt, verwirklicht zu werden.
Es besteht die Gefahr, dass *Feuer* das *Holz* aufzehrt. Deshalb sollte sich der *Holz*-Partner immer wieder mit dem Element *Wasser* stärken. Empfohlen seien hier vor allen Dingen Aktivitäten wie schwimmen gehen, ein Tag am See oder ein Spaziergang am Fluss. Für den *Feuer*-Partner ist es wichtig, Ausdauer zu zeigen, um nicht aus der Erfolg versprechenden Kombina-

tion *Holz / Feuer* ein Strohfeuer werden zu lassen. Dazu sollte er sich von Zeit zu Zeit mit dem Element *Erde* auseinander setzen – regelmäßig Entspannung bei einem guten Buch und süßen Leckereien, überhaupt ein genussvolles Ambiente tun hier gut.

Holz und Erde

Holz entzieht *Erde* die Kraft – in einer Partnerschaft kann dies ein Hinweis darauf sein, dass der *Erde*-Partner den Enthusiasmus des *Holz*-Partners durch übertriebenen Pragmatismus entmutigt. Der *Holz*-Partner mag dem *Erde*-Partner vielleicht Phantasielosigkeit und Trägheit vorwerfen, zugleich aber dazu neigen, auf dessen Kosten seine Spleens und Abenteuer auszuleben, denn im Grunde genießt er die Sicherheit und Verlässlichkeit von *Erde* als Kontrast zu seiner oft überbordenden Lebhaftigkeit.
Was beide brauchen, ist *Feuer* als Brücke: Es stärkt *Erde* und gibt ihr die Kraft, dem Möglichkeitssinn von *Holz* mit ausgewogenem Wirklichkeitssinn zu begegnen und erlaubt *Holz*, von seinem hohen Ross abzusteigen und auf Worte endlich Taten folgen zu lassen.

Holz und Metall

Das *Metall* der Axt zerhackt *Holz*. Das hört sich zunächst bedrohlicher an, als es ist. Es weist vielmehr darauf hin, dass der *Metall*-Partner dazu neigen kann, der Kreativität und dem Enthusiasmus des *Holz*-Partners durch übertriebene Spitzfindigkeit und zu starke Orientierung an Leistung und Ergebnissen den Hahn abzudrehen. Umgekehrt provoziert die rein am Abenteuer und auf die Befriedigung persönlicher Bedürfnisse ausgerichtete Energie das sozial orientierte und auf Gerechtigkeit und Ausgleich bedachte *Metall*.
Harmonie zwischen *Holz* und *Metall* entsteht, wenn *Wasser* als Brücke zwischen beiden eingesetzt wird. Es stärkt *Holz* in seiner Eigenständigkeit und bietet *Metall* zugleich eine Möglichkeit, seine Energien konstruktiv und nicht nur kritisch einzusetzen.

Holz und Wasser

Mit *Holz* und *Wasser* paart sich die Kraft der Innovation mit der Gabe der Kommunikation. Die große Stärke dieser Verbindung: Ideen entstehen und können gut mitgeteilt werden. Zärtlichkeit und Einfühlsamkeit prägen den Umgang miteinander. Insbesondere künstlerisch tätige Menschen profitieren von dieser Konstellation.
Es kann vorkommen, dass der Ideenreichtum von *Holz* die Inspiration von *Wasser* stark beansprucht und sich auf Dauer beim *Wasser*-Partner ein Gefühl von Erschöpfung bemerkbar macht. Mit *Metall* tankt der *Wasser*-Partner jedoch leicht wieder neue Kräfte.

Feuer und Feuer

Bei dieser Kombination kann man wahrlich von einer leidenschaftlichen Beziehung sprechen! Doch genau das kann ihr auch zum Verhängnis werden: *Feuer* möchte gerne dominieren und brillieren – wenn zwei *Feuer* um die Wette leuchten, kommt es ganz leicht zu unkontrollierten Situationen, in denen einer von beiden oder beide die Beherrschung verlieren.
Das große Potenzial einer *Feuer*-Beziehung besteht in ihrem hohen Energieniveau – und damit sich dieses konstruktiv abbauen kann, bedarf es der stabilisierenden Kraft des Elementes *Erde*. Dieses saugt überschüssige Energie förmlich auf und dämpft somit den Überschwang.

Feuer und Erde

Die Begeisterung von *Feuer* trifft auf die bindende Kraft der *Erde* – eine glückliche Kombination! Was auch immer *Feuer* an Plänen vorbringt, *Erde* kann etwas damit anfangen und weiß, was zu tun ist, um es erfolgreich in die Tat umzusetzen. Der *Feuer*-Partner sorgt für reichlich Nachschub an Lust und Leidenschaft, und der *Erde*-Partner versteht es, das *Feuer* der Liebe aufrechtzuerhalten.
Leicht kann es geschehen, dass sich der *Feuer*-Partner emotional zu sehr verausgabt und sich irgendwann «ausgebrannt» fühlt. Mit *Holz* kann er dafür sorgen, dass sein *Feuer* nicht ausgeht.

Feuer und Metall

Feuer schmilzt *Metall* – eine Kombination, die leicht als aggressiv empfunden werden kann, da *Feuer* mit seinen hochtrabenden Plänen das Bedürfnis von *Metall* nach einem maßvollen Miteinander verletzen kann. Und da auch *Metall* sich nicht gerne die Butter vom Brot nehmen lässt, kommt es nicht selten zu Streitigkeiten, an denen sich die Leidenschaft des *Feuers* an der Kälte des *Metalls* aufreibt – und umgekehrt.
Hier sind Sie gut beraten, mit dem Element *Erde* eine Brücke des Friedens zwischen diesen streitbaren Elementen zu errichten. Dieses Element erdet förmlich den Drang zur Extravaganz, wie er dem *Feuer* eigen sein kann, und hilft ihm, Vernunft als Wegbegleiter seiner Entscheidungen zu akzeptieren. *Metall* wird von *Erde* gestärkt und fühlt sich durch den Lebensstil von *Feuer* nicht mehr infrage gestellt.

Feuer und Wasser

«Wie *Feuer* und *Wasser*» – so sagt man gerne, wenn man ausdrücken möchte, dass zwei Menschen so gar nicht zusammenpassen. Doch dies wäre ein zu voreiliger Schluss. Zwar ist das kommunikative Element *Wasser*, das stets alles erst einmal besprochen und durchdiskutiert wissen will, nicht sonderlich erbaut vom blinden Ungestüm des *Feuer*-Partners, doch muss es sich andererseits auch die Kritik gefallen lassen, es würde so manche gute Idee einfach zerreden.
Hier hilft *Holz* als Brücken-Element. Es stärkt *Feuer* in seiner Eigenständigkeit und hält es am Flackern, während es *Wasser* die Möglichkeit gibt, seine Kräfte auf das Schöpferische zu richten. Auf diese Weise kann gerade die Kombination aus *Feuer* und *Wasser* Großes hervorbringen, weil keine andere Konstel-

lation so Gegensätzliches unter einen Hut bringen kann.

Erde und Erde

Zweimal *Erde* – das bedeutet eine nicht zu geringe Überbetonung aller Qualitäten, die eher auf Stabilität statt Veränderung aus sind und eher für Genuss stehen als für Tatendrang. Im Ergebnis kennzeichnet sich eine solche Beziehung durch eine große Wärme und Fürsorge der Partner zueinander aus – aber eben auch durch Phlegma und Routine. Allzu gerne kapselt sich das *Erde*-Paar vom Rest der Welt ab und beginnt, sich selbst zu genügen.
Um Bewegung in das Beziehungsleben zu bringen, ist das Element *Metall* die richtige Wahl für Umgebung und Aktivitäten. Es sorgt dafür, dass das innige Gefühl von Geborgenheit in ein aktives Miteinander mündet. Sie kreisen dann als *Erde*-Typen nicht mehr nur um sich selbst, sondern werden ein aktiver Bezugspunkt auch für Ihre Umwelt. Das bringt Abwechslung und neue Impulse in Ihr gemeinsames Leben.

Erde und Metall

Erde mit *Metall* gilt als eine der stärksten Verbindungen unter den Elementen! Hier paart sich praktischer Verstand mit sozialer Kompetenz, Stabilität mit Perfektion, Stärke mit Ehrgeiz. Ein unerschütterliches Duo, das seinen gemeinsamen Weg klar vor Augen hat. Das Geheimnis Ihrer Verbindung ist Ihre Fähigkeit, Ihre Beziehung zum Mittelpunkt eines regen sozialen Miteinanders zu machen.
Nicht selten ist der *Erde*-Partner der eher ruhende Pol in dieser Kombination – und nicht selten spürt er als Erster, wenn das Energieniveau sinkt und ihm die Kräfte ausgehen. Dann sollte er sich für eine Weile Kraft aus dem Element *Feuer* holen. Der *Metall*-Partner hingegen benötigt hin und wieder Ablenkung in den schöpferischen Prozessen, die das Element *Wasser* verkörpert.

Erde und Wasser

Erde verschmutzt *Wasser* – sagen die einen, *Wasser* wird von *Erde* eingedämmt, sagen die anderen. Beides weist darauf hin, dass der Einfluss von *Erde* auf *Wasser* als ungünstig eingestuft wird – zu Unrecht, wenn man weiß, wie leicht *Wasser* überborden kann und ins Formlose abgleiten möchte. Hier hilft der pragmatische und konkretisierende Einfluss von *Erde*.
Damit der *Wasser*-Partner das Wirken des *Erde*-Partners als stabilisie-

rend und beruhigend empfinden kann, empfiehlt sich der Einsatz des Brücken-Elements *Metall*. Dieses stärkt *Wasser* den Rücken, indem es für Klarheit zwischen den Partnern sorgt, worin die Stärken des jeweils anderen liegen. So kann *Wasser* weiterhin frei fließen, ohne befürchten zu müssen, in seiner Beweglichkeit von *Erde* eingeschränkt zu werden.

Metall und Metall

Einem *Metall*-Pärchen merkt man auf den ersten Blick gar nicht an, dass es sich um die große Liebe handeln könnte: Beide können einen etwas unterkühlten Eindruck nach außen hin machen. Im gemeinsamen Auftreten wirken sie leicht förmlich, sind aber immer sozial korrekt und verstehen es brillant, sich in der Mitte ihrer Freunde, Verwandten und Bekannten zu platzieren.
Diese Konstellation ist ideal für alle, die zusammen mit ihrem Partner etwas erreichen wollen, gerade auch wenn es gemeinsame berufliche Planungen gibt. Doppeltes *Metall* ist nur schwer davon abzuhalten, sich erfolgreich durchzusetzen! Doch fehlen die Flexibilität und die Bereitschaft, einmal gefasste Beschlüsse gegebenenfalls sich verändernden Bedingungen anzupassen. Da hilft die Präsenz von *Wasser*: Es bringt Bewegung in festgefahrene Strukturen und weckt den Sinn für Möglichkeiten.

Metall und Wasser

Mit diesen beiden Elementen vereinen sich die Spürnase für erfolgreiche Planung mit Spontaneität und Lust an der Vielfalt – ein Erfolg versprechendes Duo, das mit Sicherheit ein gern gesehener Gast im Freundes- und Bekanntenkreis ist. Viele werden sich diese Beziehung zum Vorbild nehmen und dem Geheimnis auf die Spur kommen wollen – dabei ist es ganz einfach: Hier finden sich zwei, die sich aufeinander verlassen können und sich in jeglicher Hinsicht ergänzen.
Der *Wasser*-Partner könnte sich unter Umständen zu stark auf die organisatorischen und formgebenden Kräfte des *Metall*-Partners verlassen – und so auf Dauer über Gebühr an seinen Kräften zehren. Deshalb sollte sich der *Metall*-Partner mit *Erde* Stärkung holen, während der *Wasser*-Partner sich mit *Holz* auf die Suche nach konstruktiven Zielen machen kann, auf die er seine teils recht chaotischen Anwandlungen in produktive Bahnen lenken kann.

Wasser und Wasser

An Kommunikation mangelt es wahrscheinlich in dieser Beziehung nicht – im Gegenteil: Hier neigt man dazu, über alles und jedes zu reden, und das manchmal mehr, als wirklich nötig wäre. Vielleicht neigen Sie dazu, vom Hundertsten ins Tausendste zu kommen, sich in den eigenen Gedankengängen und denen Ihres Partners heillos zu verstricken – und sind nach endlosem Gesprächsmarathon zwar erschöpft, aber kein bisschen schlauer als zuvor.

Hier hilft die Kraft des Elements *Holz*, denn es hilft dabei, sich gemeinsame Projekte zu setzen und Ziele zu finden, bevor man aufeinander ein- und aneinander vorbeiredet. Mit *Holz* offenbart sich erst die kreative Komponente der *Wasser-Wasser*-Verbindung: Die Energie wird darauf ausgerichtet, etwas hervorzubringen, das wachsen und sich vermehren kann, anstatt in sinnlosen Wortkaskaden zu verebben.

Raum für zwei

Feng-Shui-Rituale für gemeinsames Wohnen

Der Atem des Lebens

Die wichtigsten Konzepte im Feng Shui sind die von Qi und seinem «Gegenspieler» Sha, dem positiven und dem negativen Energiefluss. Gutes Feng Shui beginnt mit einem tieferen Verständnis dieser beiden Ausdrucksformen der Kraft, welche unsere Welt in Bewegung hält.

Qi – sanfte Schwingung

Erinnern Sie sich an die Übung des kreisenden Atems aus dem vorangegangenen Kapitel. Nehmen Sie sich noch einmal einen Augenblick Zeit und spüren Sie dem Fluss Ihres Atems nach. Beobachten Sie, wie der Atem seinen Weg nach unten nimmt und die Lungen füllt und von dort wieder aufsteigt, um unseren Körper wieder zu verlassen.

Was für unseren Körper der Atem ist, ist Qi für unsere Lebensräume: So wie das rhythmische Ein- und Ausatmen dafür sorgt, dass wir frischen Sauerstoff aufnehmen und verbrauchte Luft wieder abgeben, sorgt Qi für einen gesunden «Stoffwechsel» in unserem Zuhause. Qi entfaltet sich rhythmisch: Wie unser Atem schwingt es auf und ab, hin und her – wir erkennen es an seiner schlangenförmigen Pendelbewegung.

Qi ist Bewegung, die durch periodische Schwingung gekennzeichnet ist, durch das Hin und Her, das Auf und Ab im Bewegungsfluss – wie eine Schlange, die sich vorwärts bewegt.

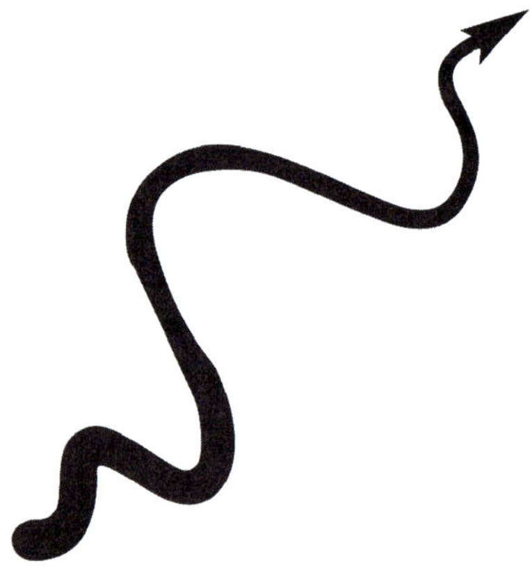

Geschwungenes Qi

In der Natur findet Qi sein Vorbild im Lauf eines sich ruhig durch Wiesen und Felder dahinschlängelnden Baches: Er fügt sich leicht in die Umgebung ein, passt sich den natürlichen Formen der Landschaft an, zerstört sie nicht, sondern steuert sich an ihnen aus. Sein *Wasser* fließt beständig und gemächlich, ist rein und frisch. Da er sich in sanft geschwungenen Kurven durch das Land bewegt, kann sich an den Innenseiten der Biegungen urbare *Erde* ansammeln, die Grundlage für grüne Wiesen und fruchtbare Äcker. Dieses Bild verkörpert Qi in seiner optimalen Gestalt.

Sha – der «geheime Pfeil»

Das Gegenbild von Qi ist Sha. Auch Sha ist Energie, aber es ist Energie, die sich nicht rhythmisch entfalten kann: Aus der sanften Pendelbewegung wird ein gerader Pfeil, der, einmal abgeschossen, sich unerbittlich auf sein Ziel zubewegt und mit zerstörerischer Wucht einschlägt.

Qi verwandelt sich in tötendes Sha, wenn es in eine Richtung gelenkt und an der Schwingung gehindert wird: Dadurch nimmt es unaufhörlich an Energie zu und wird «geheimer Pfeil» genannt.

Stellen Sie sich einen Sturzbach vor, der auf seinem Weg ins Tal Steine und *Erde* mit sich reißt. Er kann kein Land links und rechts seines Laufes zusammentragen – im Gegenteil: Das, was noch an fruchtbarer *Erde* vorhanden sein mag, wird gnadenlos mit in die Tiefe gerissen. Damit ist der Sturzbach ein Bild für Sha.
Ein Haus verfügt über Qi, wenn die

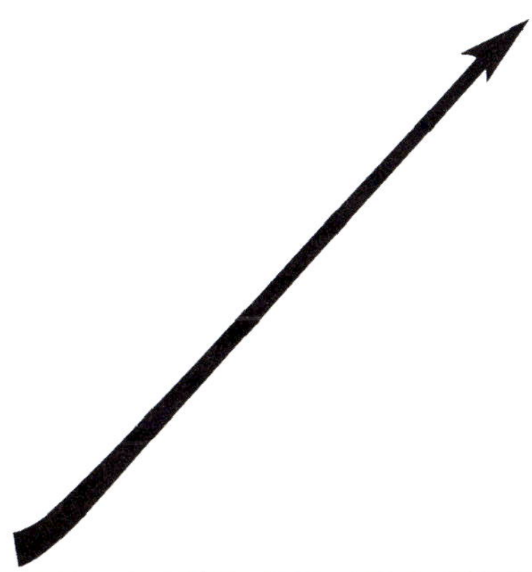

Sha-Pfeil

Wege der Menschen darin nicht fluchtenartig und geradlinig verlaufen, sondern die Aufmerksamkeit in sanften Schwingungen durch die Räumlichkeiten geführt wird.
Häuser mit Qi scheinen zu atmen und zu pulsieren, laden zum Verweilen ein und machen Lust, sie zu entdecken. Lange Flure und Gänge in einem Haus, die nur eine starre Vorwärtsbewegung erlauben und die Menschen zwingen, mit auf ihr Ziel geheftetem Blick dahinzuhasten, erzeugen in erster Linie Sha.

Qi und Sha im Haus

Es gilt allgemein: Alle geschwungenen, runden Formen im Haus bringen Qi-Energie, alle langen, geraden Formen erzeugen Sha.

Weitere Beispiele für Qi im Haus:
Geschwungene Möbelanordnungen, gerundete Möbel, Pflanzen, abwechslungsreich arrangierte Dekorations- und Kunstgegenstände, zurückgezogen wirkende Nischen und Winkel wechseln sich mit ausreichend zur Bewegung einladenden Flächen ab.
Beispiele für Sha:
Scharfkantige Möbelstücke, in einer Linie aufgereihte Möbel (z. B. im Großraumbüro: alle Schreibtische parallel zueinander), lange Treppen, Türen folgen in einer Reihe hintereinander, Säulen, Balken, Mauervorsprünge, Ecken, die in den Raum hineinragen.

Sha heilen und umwandeln

Wenn wir diese Situationen beheben wollen, können wir zunächst versuchen, die Energie des Sha in Schwingung zu versetzen, um sie so in Qi umzuwandeln.
Ein Beispiel: In einem lang gezogenen Flur wird die Energie zu einem Sha-Pfeil. Am besten lassen wir die Aufmerksamkeit der Menschen in diesem Flur kontinuierlich von links nach rechts «pendeln», z. B. durch attraktive Wanddekorationen und Bilder oder durch eine geschickte Lichtführung, d. h., mal die linke, mal die rechte Wand anzuleuchten. Dies verhindert Monotonie und ermöglicht, an den entsprechenden Stellen positionierte Gegenstände ins «rechte Licht» zu rücken. So verwandelt sich Sha in positives Qi!
In manchen Fällen ist dies nicht möglich, und deshalb muss Sha-Energie blockiert oder zerstreut werden:
Pflanzen können z. B. hervorragend Sha, das von scharfen Kanten oder von Säulen ausgeht, vernichten. Hierbei sind in erster Linie vielblättrige Grünpflanzen geeignet, deren Blätter wiederum nicht spitz zulaufen sollten, um selbst kein Sha zu erzeugen.

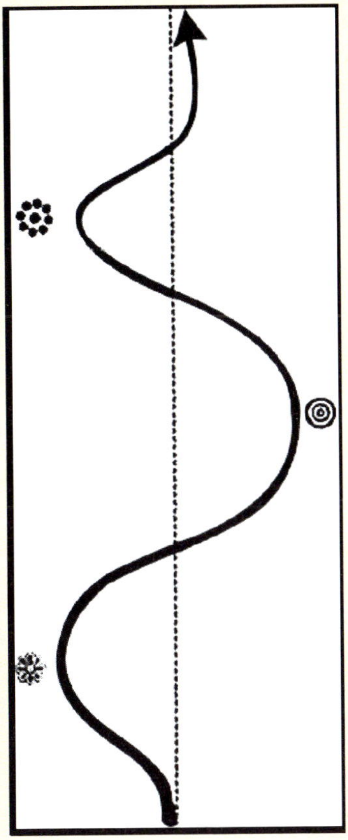

Drei Grundregeln

Beachten Sie bitte die folgenden drei Grundregeln: Sie gelten für alle Räumlichkeiten und sind die Grundlage für gutes Feng Shui im ganzen Haus.

Regel 1: Qi tritt stets durch die Eingangstür des Raumes ein und sucht sich einen anderen Ausgang, der nach Möglichkeit dem Eingang schräg gegenüberliegt. Qi verlässt niemals den Raum durch den Ort, an dem es den Raum betreten hat – schließlich fließt das Wasser eines Flusses auch nicht zur Quelle zurück.

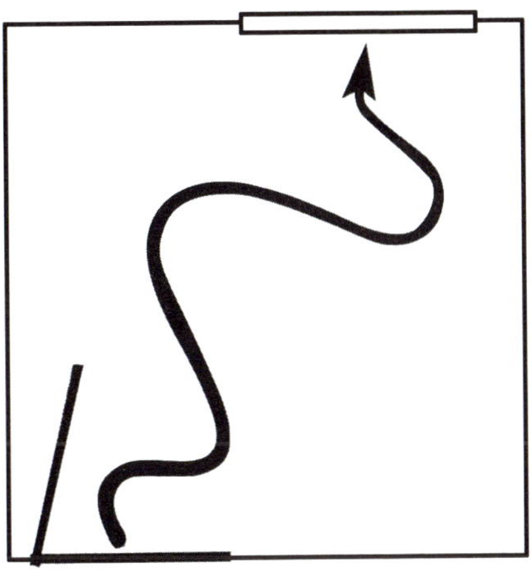

Regel 2: Der Qi-Fluss darf nicht blockiert werden. Daraus folgt, dass keine Möbel im Qi-Fluss platziert sein sollten. Am wichtigsten ist aber, dass keine Möbelstücke, die von Menschen aktiv genutzt werden, im Qi-Fluss stehen, z. B. Bett, Tische, Stühle, Sessel, Sofas etc. Die günstigste Lage zum Qi-Fluss ist an seinen «Ufern» – so wie sich auch in der Natur die fruchtbare Erde rechts und links vom Wasser ablagert.

Regel 3: In jedem Raum gibt es einen Ort, an dem das Möbelstück seinen Platz finden sollte, welches dem Raum seine Definition verleiht, also das Bett für das Schlafzimmer, die Sitzgruppe im Wohnzimmer, der Schreibtisch im Arbeitszimmer etc. Dieser Ort befindet sich stets an der Stelle des Raumes, der am weitesten von der Tür entfernt ist, die als wichtigster Eingang zu dem Raum gedacht ist.

Daraus ergeben sich folgende Empfehlungen:

- Platzieren Sie insbesondere Ihr Bett nicht unter einem Fenster, da Sie sich so in jedem Fall im Qi-Fluss befinden.
- Ein guter Platz hat schützende Wände in seinem Rücken. Wenn dies aufgrund der räumlichen Gegebenheiten nicht möglich ist, stellen Sie Paravents oder Grünpflanzen so auf, dass sie zum offenen Raum hin abschirmen.
- Es ist gut, wenn Sie die Tür immer im Blick haben können. Insbesondere das Bett oder Ihr gemeinsamer «Kuschelplatz» (z. B. die Couch im Wohnzimmer) sollte weit genug entfernt von der Tür sein und dennoch einen guten Blick auf den Eingang zum Zimmer gewähren.

Es ist nicht immer möglich, *alle* Empfehlungen gleichermaßen umzusetzen. Das liegt daran, dass jedes Zimmer anders ist und es deshalb keine pauschalen Lösungen geben kann. Nutzen Sie diese Hinweise als Richtlinien, um im Rahmen der Ihnen gegebenen Möglichkeiten den optimalen Platz zu finden. Entscheidend ist, dass Sie eine Lösung finden, mit der Sie sich zufrieden fühlen. Am besten probieren Sie die Plätze aus und lassen sich für einige Minuten auf die dort vorherrschende Energiequalität ein. Schließen Sie die Augen und vertrauen Sie Ihrem Gefühl!

Mit dem Lebensraum Kontakt aufnehmen

Nehmen Sie sich viel Zeit, in Ihren Lebensräumen Qi und Sha aufzuspüren, bevor Sie konkrete Veränderungen vornehmen. Versuchen Sie herauszufinden, was der Raum, den Sie bewohnen, jetzt braucht. Wenn Sie in einer Beziehung leben, sollten Sie gemeinsam mit Ihrem Partner überlegen, wie Sie Sha in Qi umwandeln und den bereits vorherrschenden Qi-Fluss stärken und vermehren können.

Am besten, Sie stellen sich Ihr Haus als

einen lebenden Organismus vor und beobachten seinen Atemfluss: wie Qi aus der Umgebung durch die Eingangstüren eingeatmet wird und durch die Fenster, hinteren Türen und das Dach ausgeatmet wird. Versuchen Sie, sich diesen Atem bildhaft als einen hellen, leuchtenden Strom vorzustellen, der durch alle Räumlichkeiten fließt, sie reinigt, nährt und stärkt.

Bewegen Sie sich durch die Wohnung und spüren Sie diesem Energiefluss nach, am besten gemeinsam mit Ihrem Partner: Wo fließt er schneller, wo gemächlicher? Wo rauscht er wie ein Sturzbach vorwärts? Wo schlängelt er sich friedlich voran? Wie sind die Möbel platziert? Bilden sich Oasen, die zum Verweilen einladen?

Raum für Raum

Jeder Raum hat im Feng Shui eine Bedeutung, die weit über seine Funktion als Aufenthaltsraum für uns Menschen hinausgeht. Vielmehr gehen wir davon aus, dass die Art und Weise, in der wir diese Räume gestalten, auch die Stimmung und das Leben der Bewohner auf eine ganz bestimmte Art und Weise beeinflusst.

Für partnerschaftliches Feng Shui ist insbesondere das Schlafzimmer von ausschlaggebender Bedeutung, weil es die intimste Verbindung zu den Themen besitzt, die wir mit Partnerschaft verbinden. Doch auch die anderen Räumlichkeiten in einem Haus oder einer Wohnung spielen eine wichtige Rolle: So steht das Wohnzimmer für die Offenheit einer Partnerschaft nach außen, die Gestaltung des Flurs und der Treppen erzählt uns etwas über die Kommunikation der Partner und die Küche schließlich etwas über die Fähigkeit, das Leben gemeinsam zu meistern.

Hier finden Sie die wichtigsten Tipps, um Ihr Zuhause in jeder Hinsicht optimal mit Qi zu versorgen, damit Sie als Single genügend Energie haben, um den Partner zu finden, der wirklich zu Ihnen passt, und als Paar Ihrer Beziehung Kraft und Stabilität zu verleihen.

Folgen Sie mir daher auf eine kleine Rundreise – Raum für Raum durch Ihre vier Wände – und sehen Sie die einzelnen Zimmer mit neuen Augen. Erleben Sie sie als künftige Kraftzentrale für Ihre Beziehung.

Eingangsbereich: Persönlichkeit

Mit Fug und Recht kann der Eingangsbereich als die Persönlichkeit Ihres Zuhauses betrachtet werden, da er die erste Station des Qi auf seiner Reise durch Ihr Haus ist: Welche Eindrücke auch immer dem Qi hier begegnen – sie prägen die gesamte Qualität des Hauses. Achten Sie daher sorgfältig darauf, was sich dem Auge des Eintretenden als Erstes bietet!

Günstig ist ...

... wenn der Eingangsbereich ein Ort der Sammlung ist, an dem man sich willkommen fühlt und alle Sorgen des Alltags vor der Tür lassen kann.
Dies bewirken Sie z. B. durch ein schönes Blumengesteck oder ein Bild mit einem heiteren Motiv wie einem Wasserfall, welches den Eintretenden begrüßt. Der Raum sollte großzügig gestaltet sein und ein kreisförmiges Element aufweisen, z. B. einen runden Teppich oder eine runde Lampe. Die besten Farben für den Eingangsbereich sind Grün und Blau.
Vielleicht haben Sie das Bedürfnis, sich gegen unliebsame Einflüsse von draußen zu schützen, z. B. weil Sie in einer unsicheren oder wenig ansprechenden Gegend wohnen oder weil Sie ein besonders starkes Bedürfnis nach Schutz und Sicherheit haben. Es gibt Symbole, die negative Energien schon im Eingangsbereich aufhalten und dort platziert werden sollten. Sie sind in der Symbolübersicht am Ende des Buches aufgelistet.

Ungünstig ist ...

... wenn der erste Blick auf eine unordentliche Garderobe fällt. *Versetzen Sie die Garderobe z. B. hinter die Tür.*
... wenn der Eingangsbereich eng und voll gestellt ist. *Entfernen Sie alles, was Platz wegnimmt.*
... wenn dem Eingang unmittelbar gegenüber eine Wand ist. *Hängen Sie ein Landschaftsbild auf.*
... wenn dem Eingang gegenüber ein Spiegel hängt. *Verzichten Sie dort auf einen Spiegel und hängen ihn lieber so auf, dass er nicht von einem Eintretenden wahrgenommen werden kann.*
... wenn der erste Blick auf eine Toilettentür fällt. *Lenken Sie die Aufmerksamkeit des Eintretenden von der Tür ab, z. B. indem Sie den Bereich unmittelbar neben der Tür durch ein auffälliges Blumenarrangement stärken.*
... wenn der erste Blick auf eine Treppe fällt, die dem Eintretenden entgegenkommt. *Versuchen Sie, durch Pflanzen oder einen Vorhang die Treppe zu verbergen.*

Symbole für die Zweisamkeit

Sie sollten schon den Eingangsbereich dazu nutzen, das Qi positiv auf Ihre Beziehung einzustimmen. Überlegen Sie daher gemeinsam: Welches Symbol könnte für die Persönlichkeit der Beziehung stehen? Oder auch: Welche Qualität benötigt die Beziehung zurzeit? Wählen Sie am besten paarweise Symbole. So könnte das Bild fliegender Schwalben für einen gemeinsamen Neubeginn nach einer überstandenen Krise stehen oder ein Arrangement aus Federn für den Wunsch nach Leichtigkeit.

Symbole für den Single

Als Single ist es ratsam, in erster Linie dem Wunsch nach Zweisamkeit bereits im Eingangsbereich Ausdruck zu verleihen. Es ist bei der Anwendung von Symbolen jedoch darauf zu achten, dass diese sich leicht wieder entfernen lassen, denn schließlich will man ja irgendwann am einmal Erreichten festhalten und nicht immer wieder Neues anziehen! Grundsätzlich sollten Sie Symbole wählen, die einen dynamischen Neuanfang versprechen: Dazu gehört beispielsweise die Trommel, der Hahn oder auch das Bild eines Weges oder einer Straße. Eine Uhr zeigt ebenso den Wunsch nach Veränderung der jetzigen Lebensphase an wie ein Rad. Vermeiden Sie hingegen Symbole, die zu starr und fest wirken, z. B. Abbildungen von Bergen, Felsen oder auch Elefanten. Diese Symbole kommen in einer bestehenden Partnerschaft besser zum Tragen, weil sie für Stabilität sorgen. Jetzt aber geht es um die Kraft des Aufbruchs!
In dem Symbole-Lexikon am Ende des Buches finden Sie eine Auswahl, von der Sie sich inspirieren lassen können. Wählen Sie dabei vorzugsweise Symbole aus den Entsprechungen für *Holz*.

Schlafzimmer: Intimität

Wenn es einen Bereich in der Wohnung gibt, der mit dem Thema Partnerschaft assoziiert wird, dann ist es das Schlafzimmer. In der Tat ist es für das Thema Beziehung der wichtigste Raum, denn hier verbringen wir gut ein Drittel unseres Lebens und davon eine nicht unbeträchtliche Zeit im Idealfall mit unserem Partner! Auch im Schlaf sind wir jedoch allen möglichen ungünstigen Einflüssen ausgesetzt, und deshalb ist es wichtig, hier für das richtige Feng Shui zu sorgen. Wenn Sie später mit den Ba Gua (vgl. Kapitel «Ba Gua für Liebende») arbeiten, um Ihre Beziehung zu heilen und zu stärken oder sich als

Single die Kräfte des Qi zur Erfüllung Ihres Wunsches nach Zweisamkeit zunutze machen wollen, ist das Schlafzimmer der Raum, der als Erstes in Betracht gezogen werden sollte. Doch bevor dort Heilmittel, egal welcher Art, angebracht werden können, muss der Energie-Haushalt in diesem Raum stimmen: Dazu ist es notwendig, ganz grundsätzliche Richtlinien zu berücksichtigen.

Günstig ist ...

... wenn das Schlafzimmer ein geschützter Raum ist, der sich möglichst weit von der Eingangstür entfernt befindet. Wegen der Lichtverhältnisse sollte es am besten nach Norden, Nordosten oder Osten weisen. Die besten Farben für das Schlafzimmer sind grundsätzlich warme, helle Erdtöne und Weiß.
Je nach Charakter der Partnerschaft sollten Sie in die Gestaltung des Schlafzimmers Eigenschaften des entsprechenden Elements einfließen lassen. Welches Element Ihrer Partnerschaft gut tut, erfahren Sie im Kapitel «Die fünf Elemente», in dem Sie Ihr persönliches Feng-Shui-Element berechnen können sowie aus dem Zusammenspiel der Elemente der Partner dasjenige Element, welches in Ihrer Partnerschaft für Harmonie und Stärke sorgt.
Das Schlafzimmer ist ein Raum, in dem die Intimität, die Gefühle von Geborgenheit und Beschütztsein, aber auch von Leidenschaft zum Ausdruck kommen. Es ist deshalb ein Raum, der in erster Linie die *Yin*-Qualitäten einer Beziehung unterstreicht und deshalb eine entsprechende Atmosphäre ausstrahlen sollte. Dabei sollten Sie Folgendes beachten:

- ➔ Wählen Sie vorzugsweise weich fallende, samtige Stoffe in der Ausstattung. Kühle Seide z. B. in der Bettwäsche sollte immer mit weichen Stoffen in der Umgebung (z. B. Vorhänge) kombiniert werden.
- ➔ Langflorige Teppiche auf dem Boden erzeugen eine kuschelige, warme Atmosphäre. Auch Felle kommen infrage.
- ➔ Schränke, Kommoden, Regale sollten eher breit als hoch wirken. Ziehen Sie deshalb horizontal angelegte Muster vor und vermeiden Sie senkrechte Strukturen.
- ➔ Die Beleuchtung sollte besser indirekt sein. Verwenden Sie Lichtquellen, die nach unten strahlen und durch Lampenschirme gedämpft sind.
- ➔ Die Vorhänge sollten mindestens blickdicht sein. Verwenden Sie weich fallende Stoffe, die das Licht sanft tönen, aber nicht völlig abdunkeln. Auch Gardinen

sind zu empfehlen, da sie das Licht im Zimmer streuen.

Besonders wichtig ist die Position und die Gestaltung des Bettes. Es sollte so platziert werden, dass es möglichst weit von der Tür entfernt ist und einen problemlosen Blick auf die Tür ermöglicht. Das Bett sollte am besten mit der Kopfseite an einer Wand abschließen und von links und rechts frei zugänglich sein, damit keiner der Partner über den anderen steigen muss, um aus dem bzw. in das Bett zu kommen. Steht das Bett mit einer Längsseite zur Wand, sollte der Abstand zwischen Wand und Bett mindestens 60 cm betragen.
Ideal für ein richtiges Liebesnest: ein «Himmelbett» aus transparenten Stoffen, die an einem Ring über dem Bett befestigt werden und wie ein Zelt über das Bett fallen. In dieser luftigen Höhle sind Sie vor neugierigen Blicken geschützt und können sich geborgen und ungestört fühlen.
Achten Sie auch auf die Schlafpositionen im Bett: Die rechte Seite des Bettes gilt als *Yang* und die linke als *Yin*. Wer also auf der rechten Seite des Bettes schläft, tankt entsprechend dynamische und extrovertierte Kräfte, während der *Yin*-Schläfer eben eher stabilisierende und introvertierte Kräfte in sich aufnimmt. Ein Mensch, der grundsätzlich auch im Alltag eher den *Yin*-Anteil seiner Persönlichkeit lebt, sollte daher vorzugsweise auf der *Yang*-Seite schlafen, um hier einen Ausgleich zu erreichen. Umgekehrt gilt: Wer im Leben eher zu den *Yang*-Persönlichkeiten zählt, der sollte sich auf die linke *Yin*-Seite betten.

Ungünstig ist ...

... wenn Sie beim Schlafen mit den Füßen zur Tür hinauszeigen. *Stellen Sie Ihr Bett um oder platzieren Sie eine Blockade zwischen dem Bett und der Tür, z. B. eine schwere Truhe oder einen Sessel.*
... wenn über dem Bett ein schweres Bild, eine Lampe oder ein Regal angebracht ist. *Sorgen Sie dafür, dass nichts über Ihrem Kopf hängt.*
... wenn Kleiderschränke, Regale und andere große, schwere Möbelstücke zu nahe am Bett stehen. *Schaffen Sie ausreichend Abstand!*
... Unordnung und Gerümpel unter dem Bett! *Räumen Sie alle Gegenstände hinaus, die nichts in einem Schlafzimmer verloren haben! Wie man sich bettet, so liegt man!*
... ein Spiegel im Schlafzimmer, insbesondere dann, wenn man sich vom Bett aus darin sehen kann. *Hängen Sie den Spiegel ab oder verhängen Sie ihn.*
... ein Fernseher, Computer oder andere elektronische Geräte. *Insbe-*

sondere für Singles Gift auf der Suche nach einer neuen Beziehung!

… wenn das Schlafzimmer einen unruhigen Eindruck macht und zusätzlich als Arbeitsplatz fungiert. *Wenn es nicht anders geht, bauen Sie mit Hilfe von Paravents und Vorhängen einen Sichtschutz auf.*

Symbole für die Zweisamkeit

Auch im Schlafzimmer sollten Sie sich Symbole aussuchen, die Sie dekorativ einsetzen, um Ihr Liebesglück zu mehren und Ihre Beziehung zu stabilisieren. Besonders gut geeignet sind hier alle Symbole, die schon von alters her als Glücksbringer der Liebe verehrt werden, z. B. der Apfel und die Rose. Orchideen und Granatäpfel stehen für Leidenschaft und Kirschen und Erdbeeren für Sinnlichkeit und Erotik. Wenn Sie der Ansicht sind, dass Sie diese Qualitäten in Ihrer Beziehung nicht noch extra betonen müssen – wie wäre es dann mit Kornblumen oder einem Entenpärchen für Treue oder Gingko für freundschaftliches Miteinander?

Wenn Sie Ihr Schlafzimmer nach der Methode der Ba Gua untersuchen (vgl. Seite 82 ff.), sollten Sie dem Bereich *Erde*, der dem Thema Partnerschaft gewidmet ist, besondere Aufmerksamkeit schenken. Sie könnten hier das Bett hinstellen, jedoch nur, wenn es nach den oben genannten Kriterien keinen weiteren negativen Einflüssen ausgesetzt ist. Sie können aber auch einen Platz dort dekorieren, der Ihrer Partnerschaft und Ihrer Liebe Ausdruck gibt, eine Art «Altar der Liebe». Platzieren Sie dort neben

Symbolen, Steinen, Kerzen auch eine Duftlampe für aphrodisische Düfte. Auch eine moderne Lavalampe kann an diesem Platz eine Wirkung entfalten, die dem Liebesleben zu neuem Schwung verhilft. Dekorieren Sie Ihren «Altar» mit roten Stoffen, Rosenblättern und Herzen – kurz: Füllen Sie ihn mit Symbolen, die für Sie Liebe und Leidenschaft bedeuten.
Wenn es darum geht, einem Kinderwunsch noch deutlicher Ausdruck zu verleihen, dann sollten Sie sich überlegen, die Fruchtbarkeit durch Symbole wie Hase, Stier und Muscheln zu fördern – oder weniger prätentiös: mit Reis- oder Getreidekörnern, die Sie als Dekoration in einem Arrangement verwenden können. Hier gibt es auch die einzige Ausnahme für Spiegel im Schlafzimmer, denn sie steigern das sexuelle Verlangen, indem sie das Energieniveau erhöhen. Allerdings sollten Sie Spiegel nur zeitweise zu diesem Zweck einsetzen – sonst kommen Sie gar nicht mehr zur Ruhe!
Kerzen spielen im Schlafzimmer eine wichtige Rolle, um eine Stimmung entstehen zu lassen, die beide verzaubert. Sie schaffen durch ihre *Feuer*-Symbolik eine Atmosphäre von Leidenschaft und Hingabe zugleich und dürfen nicht fehlen, wenn Liebe und Lust Raum in Ihrem Schlafzimmer haben sollen.
Experimentieren Sie hier mit Farben und Formen, wie sie dem Element entsprechen, dass Ihrer Partnerschaft jetzt gerade gut tut (vgl. Seite 101 ff.). Eine Variante ist die Verwendung bunter Windlichter, in die Sie ganz gewöhnliche Teelichter hineinstellen können. Auch Lampions in den entsprechenden Farben und Formen sind geeignet – diese Lampions können Sie zusätzlich mit Symbolen und Zeichen versehen.

Symbole für den Single

Als Single sollten Sie diesen Bereich ganz besonders pflegen, um Ihrem Wunsch nach Partnerschaft besonderen Ausdruck zu verleihen. Die ideale Farbe dafür ist helles Rot bis Rosa und Apricot. Vor dem Schlafengehen könnten Sie hier eine Kerze entzünden und sich innerlich Ihren Wunsch bekräftigen. Vielleicht imaginieren Sie vor Ihrem geistigen Auge den idealen Partner oder die ideale Partnerin und projizieren sich in Gedanken in die Zukunft, die Sie sich erwünschen. In diesem Eck ist dieser Wunsch besonders gut aufgehoben.
Im Symbole-Lexikon sollten Sie sich ganz besonders an die Entsprechungen des Elements *Erde* halten, das Sie mit einigen Entsprechungen des Elements *Feuer* ergänzen.

Wohnzimmer: Offenheit

Im Feng Shui der Beziehungen steht das Wohnzimmer für den Grad an Offenheit, den eine Beziehung zu ihrer Umwelt entwickeln kann. Es erzählt etwas darüber, wie bereit ein Paar ist, sich den Einflüssen und Herausforderungen der Mitmenschen zu stellen. Während das Schlafzimmer der gemeinsame *Yin*-Ort ist, ist das Wohnzimmer der Ort des gemeinsamen *Yang*: Hier begegnen sich die Partner am Ende des Tages, um sich auszutauschen, zu spielen oder gemeinsam gemütlich den Abend zu verbringen. Aber auch Gäste werden hier empfangen, Essen ausgerichtet, ein Fest gefeiert oder ein Spieleabend mit Freunden veranstaltet. Kurz: Das Wohnzimmer ist ein Ort der Begegnung und der Geselligkeit.
In unserer Kultur erfüllt das Wohnzimmer zumeist zwei Funktionen: Es dient der Entspannung, wenn wir nach der Arbeit am Abend beim Fernsehen oder beim Musikhören Erholung suchen, oder der Gemeinschaft, wenn wir mit der Familie, unseren Freunden und Gästen zusammenkommen. Entsprechend müssen diese beiden Aspekte berücksichtigt werden.

Günstig ist ...

... ein Wohnzimmer, welches genügend Raum bietet, aber nicht zu groß ist, damit es nicht seine schützende, Geborgenheit spendende Funktion verliert. Pflanzen und raumteilende Elemente wie Regale oder Paravents ermöglichen die Gliederung in einen entspannenden und einen kommunikativen Bereich.
Für den entspannenden Bereich setzen Sie auf warme erdfarbene Töne, weiche Stoffe und horizon-

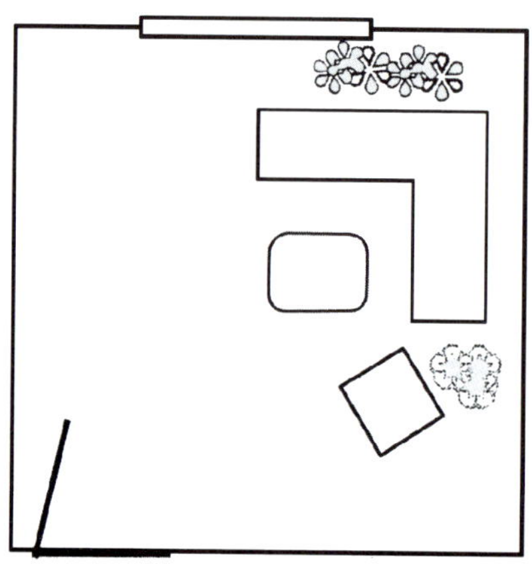

L-Form

tale, niedrige Formen. Für den kommunikativen Teil verwenden Sie helle Farben, runde Formen und viele Pflanzen.
Platzieren Sie die Sitzgruppe so, dass die meisten Sitzplätze möglichst weit entfernt von der Eingangstür sind und niemand mit dem Rücken zur Tür und nach Möglichkeit auch nicht mit dem Rücken zum Fenster sitzen muss. Gut sind Anordnungen im Halbkreis, im Hufeisen und in L-Form.

Ungünstig ist es ...

... wenn das Wohnzimmer zu große Fenster und damit zu wenig Wände hat. Gliedern Sie deshalb Panoramafenster mit Jalousien, Pflanzen oder auch mit Regalen und Paravents, sodass geschützte Bereiche entstehen.

Symbole für Zweisamkeit

Das Wohnzimmer ist auch der Ort, an dem ein Paar seine Zweisamkeit symbolisch nach außen hin demonstriert. Der beste Ort, um Symbole in diesem Raum anzuwenden, ist neben dem Bereich *Erde* der Ba Gua die Stelle im Wohnzimmer, die der dritten Grundregel (vgl. S. 58) entspricht. Dort können Sie ein Symbol, einen Gegenstand oder ein Möbelstück aufstellen, das Ihrem Gefühl nach am besten zeigt, wie Sie als Paar gerne von anderen gesehen werden möchten. Ziehen Sie hier zum Beispiel die Entsprechungen zurate, die nach der Lehre der *Wu Xing* gerade dem Element entsprechen, das Ihre Beziehung stabilisiert und fördert, z. B. durch ein Bild mit einem bestimmten Motiv oder ein Möbelstück mit einer bestimmten Farbkombination (vgl. S. 101 ff.).
Für den Bereich *Erde* hat sich im Wohnzimmer als besonders positiv die Anbringung eines Mobiles herausgestellt. Das Mobile ist eine sehr alte, auch in unseren Breiten heimische Tradition, um den Qi-Fluss anzuregen. In bäuerlichen Stuben hieß es «die Unruh», denn es sollte immer in Bewegung bleiben, um dem Haus Glück und Wohlstand zu bringen. Man sagt, wenn ein böser Mensch das Haus betritt, bleibt die Unruh sofort stehen und hört auf, sich zu bewegen. Nun – das sind alte Geschichten, doch im Kern steckt die Erkenntnis, dass Bewegung ein Zeichen für fließendes Qi und damit eine nährende Atmosphäre ist. Wählen Sie für ein Mobile Farben, Formen und symbolische Entsprechungen aus. Wenn Sie ambitioniert genug sind, können Sie sich auch ein ganz eigenes Partnerschaftsmobile anfertigen, dass Sie mit individuellen Motiven schmücken können.

Im Bereich *Erde* können Sie auch eine Lampe oder Kerzen aufstellen. Achten Sie jedoch ganz besonders im Wohnzimmer darauf, dass Sie die Symbole und Gegenstände immer paarweise aufstellen – gewissermaßen als festen Ausdruck Ihres Entschlusses, zu zweit das Leben zu meistern. Beliebt sind hier insbesondere Tierfiguren, z. B. Elefanten, Enten und Schildkröten. Diesen Tieren sagt man nach, sie würden sich ihr Leben lang treu sein und immer zusammenbleiben wollen. (Wenn Kinder dazukommen, sollten Sie für jedes Kind symbolisch einen weiteren Gegenstand hinzufügen.)

Symbole für den Single

Als Single sollte Ihr Wohnzimmer ganz besonders Ausdruck Ihrer Offenheit gegenüber anderen Menschen sein – denn schließlich möchten Sie ja in Kontakt kommen! Deshalb ist es wichtig, dass Sie den Ort, der nach der dritten Grundregel (vgl. S. 58) der wichtigste in diesem Raum ist, sehr deutlich mit etwas ausstatten, was Ihnen Kraft auf der Suche nach einer Partnerschaft verleiht. Stärken Sie diesen Bereich unbedingt durch ein Symbol aus der Palette der Entsprechungen des Elements, das Sie jetzt fördert (vgl. das Symbole-Lexikon am Ende des Buches).

Im Bereich *Erde* der Ba Gua Ihres Wohnzimmers sollten Sie frische Blumen aufstellen, vorzugsweise hellrote oder rosafarbene Rosen. Achten Sie dabei auf die gerade Anzahl: Gut sind zwei Rosen, aber auch sechs oder acht Rosen. Vier Rosen sollten es jedoch nicht sein.

Küche: Gemeinsamkeit

Die Küche gilt in der chinesischen Tradition als Hort von Wohlstand und Glück der Bewohner. Entsprechend sollte sie mit der notwendigen Sorgfalt eingerichtet und gestaltet werden. In der Küche treffen sich alle fünf Elemente: *Holz* steht für die noch nicht verarbeiteten Rohstoffe, *Feuer* für die Herdstelle, *Erde* für die fertigen Mahlzeiten und die Speisekammer, *Metall* für Geschirr und Töpfe und *Wasser* für das *Wasser* zum Kochen und Reinigen.
Sicherlich haben auch Sie bemerkt, dass Küchen eine Art magischen Anziehungspunkt in einer Wohnung bilden, an dem man sich gerne trifft und der miteinander verbindet. Dahinter steckt das uralte Bedürfnis des Menschen nach der Nähe zur Licht und Wärme spendenden Feuerstelle, an der Nahrung zubereitet wird, um die sich aber auch die Gemeinschaft versammelt.
In modernen Haushalten ist die Küche der einzige Raum in einer

Wohnung, der an die soziale Funktion einer solchen Feuerstelle erinnert – mit Ausnahme eines Kamins. Es ist bedauerlich, dass der gegenwärtige Trend von der großen Wohnküche als Versammlungsplatz der Gemeinschaft wegführt. Die immer kleiner werdenden Küchen legen Zeugnis davon ab, wie wenig «Herz» unsere Kultur hat – denn die Küche ist wahrlich das Herz unseres Lebensraumes.

Darum mein Rat: So klein Ihre Küche auch sein mag – schaffen Sie Platz, um sich darin aufhalten zu können, und sei es auch nur für den morgendlichen Kaffee! Damit erweisen Sie der Küche wieder etwas von der Ehre, die ihr gebührt.

«Liebe geht durch den Magen» – deshalb darf in einer Partnerschaft der Bereich Küche nicht unterschätzt werden, denn die Atmosphäre, die dort herrscht, hat einen entscheidenden Einfluss auf die Zubereitung der Speisen. Und die Qualität der Nahrung überträgt sich wiederum nicht zuletzt auch auf die Qualität der Beziehung.

Das gemeinsame Mahl ist Inbegriff der romantischen Zweisamkeit, und auch wenn es nicht jeden Tag ein ausgefeiltes Fünf-Gänge-Menü für den Liebsten sein kann, verwandelt sich selbst ein ganz gewöhnlicher Teller Spaghetti in eine Riesenportion Liebe, wenn er mit der entsprechenden Haltung zubereitet wurde.

Unter den Entsprechungen der fünf Elemente im Symbole-Lexikon finden Sie einige Zutaten, insbesondere solche, die das Liebesleben stimulieren, so genannte Aphrodisiaka. Nehmen Sie doch einfach die Anregungen wahr und verzaubern Sie sich und Ihren Partner – oder als Single Ihre neue Bekanntschaft – mit einem Menü, in dem diese Ingredienzien eine Hauptrolle spielen! Wenn Sie dann den Tisch dekorieren, suchen Sie sich Blumen und Symbole aus, die dazu passen und die gewünschte Stimmung verstärken.

Bevor Sie dies aber tun, sollten Sie einen Blick auf folgende grundlegende Regeln für eine Küche werfen, die garantieren, dass nicht nur die richtigen Zutaten im Kochtopf landen, sondern auch jede Menge positiver Energien und eine Prise Glück.

Günstig ist es ...

... wenn Sie vom Kochplatz aus den gesamten Raum überblicken und vor allen Dingen die Eingangstür sehen können. In der Gestaltung sollten alle Wandlungsphasen in Formen und Farben vertreten sein: zum Beispiel Pflanzen, die Farben Grün / Blau für *Holz*, etwas Rot (z. B. rote Blumen) für *Feuer*, Steinboden und Kacheln, Erdtöne (z. B. Terrakotta) und Gelb für *Erde*, weiße

Wände und Vorhänge für *Metall*, etwas Schwarz oder Dunkelblau (z. B. im Geschirr) für *Wasser*.
... wenn Sie über dem Essplatz in einer Küche eine runde Lampe aufhängen: Sie schafft symbolisch das Gefühl von Gemeinschaft. Ideal sind auch große, üppige Schüsseln, gefüllt mit Früchten und Gemüse auf dem Tisch oder an einem anderen sichtbaren Platz Ihrer Wahl.

Ungünstig ist es ...

... wenn Sie mit dem Rücken zur Tür die Speise zubereiten müssen. *Stellen Sie einen kleinen Spiegel so auf, dass Sie mit einer leichten Kopfbewegung die Tür darin sehen können, und bringen Sie an der Tür oder an der Klinke eine Glocke an, die immer dann erklingen würde, wenn jemand den Raum betritt.*
... wenn der Herd (*Feuer*) direkt neben dem Spülbecken oder der Spülmaschine (*Wasser*) steht. *Überbrücken Sie die Spannung zwischen* Feuer *und* Wasser *durch das Element* Holz *aus dem Zyklus der Wandlungsphasen, z. B. indem Sie an der Wand zwischen den beiden Geräten Holzkochlöffel oder das Bild einer Pflanze oder Gewürze aufhängen.*

Badezimmer: Reinheit und Verbundenheit

Das Badezimmer nimmt einen weitaus zentraleren Platz in unserem Leben ein, als wir es für gewöhnlich wahrhaben wollen. Das liegt wohl daran, dass wir das Bad am ehesten als Raum betrachten, an dem wir uns von Schmutz befreien. Dabei scheint dieser Raum wahrlich magische Fähigkeiten zu besitzen, die seiner Zuordnung zum Element *Wasser* alle Ehre machen! Wir gehen morgens verschlafen und zerknittert hinein und kommen frisch und munter wieder heraus! Das Badezimmer befreit uns eben nicht nur vom äußeren Schmutz, sondern ist eine Quelle der Wandlung, der Transformation.
Das hat sehr viel damit zu tun, dass der Akt der körperlichen Reinigung immer auch einen parallelen Prozess der inneren Reinigung bedeutet – wenn man sich Zeit dafür nimmt! *Wasser* besitzt eine Kraft, die nicht nur unsere physische Hülle vom Schmutz des Alltags befreit, sondern auch unsere Seele wieder frei und aufnahmefähig macht.
Aus Sicht des Feng Shui ist es am besten, wenn Sie Ihre negativen Gefühle fließendem *Wasser* überantworten: Es nimmt sie in sich auf und trägt sie einfach davon – so wie Tränen Erleichterung verschaffen und den Kopf wieder befreien. In

unseren Wohnungen sind es die Badezimmer und Toiletten, die diesen Aspekt ganz deutlich in sich tragen, denn sie dienen der körperlichen Reinigung.

Es ist deshalb überhaupt nicht abwegig, gerade dorthin zu gehen, um sich seiner Sorgen, Nöte und Ängste zu entledigen! Viele Menschen tun das ohnehin. Ob Sie aber nun Ihre schlechten Gefühle in der Toilette hinunterspülen oder sich eine ausgiebige Dusche oder ein Bad gönnen und sich dabei vorstellen, wie das *Wasser* nach und nach alle negativen Gedanken in den Ausguss schwemmt, bleibt Ihnen überlassen. Wichtig ist nur, dass Sie die Gefühle an diesem Ort lassen. Und wenn Sie dann die Tür des Badezimmers hinter sich zuziehen, haben Sie sich auch des seelischen Ballasts für eine Weile entledigt.

Wasser hat nicht nur eine befreiende, sondern auch eine verbindende Wirkung, gerade zwischen Menschen. Einen zentralen Stellenwert in vielen Kulturen nimmt das gemeinsame Bad ein, wie das türkische Bad «Hamam», das nicht nur der gründlichen Reinigung dient, sondern auch der Entspannung und der Vorbereitung auf das Gebet. Darüber hinaus ist es für Männer und Frauen ein wichtiger sozialer Treffpunkt.

Während gläubigen Moslems das «gemischte» Badevergnügen verboten ist, können Sie für sich und Ihren Partner oder Ihre Partnerin das Badezimmer für einige schöne Stunden der Zweisamkeit in ein kleines orientalisches Bad verwandeln, um die verbindende und reinigende Kraft des *Wassers* für sich zu nutzen: Komponieren Sie aus den Aromaölen des für Ihre Partnerschaft geeigneten Elements einen Badezusatz und zaubern Sie mit Kerzen eine sinnliche Atmosphäre. Wenn Sie möchten, lassen Sie eine Hand voll Rosenblütenblätter auf dem *Wasser* schwimmen und legen Sie orientalische Musik im Hintergrund auf. Löschen Sie alle Lichter im Haus und genießen Sie sinnliche Momente der Zweisamkeit.

Auch die reinigende Wirkung von *Wasser* können Sie sich als Pärchen zunutze machen, insbesondere dann, wenn es Streit zwischen Ihnen gegeben hat. Machen Sie es sich zur Gewohnheit, Versöhnung nach Querelen und Meinungsverschiedenheiten mit einem gemeinsamen Baderitual zu feiern.

Hier einige allgemeine Empfehlungen, die Ihr Badezimmer zu einem Ort machen, an dem Sie als Single oder Paar Kraft tanken können:

DAS BADEZIMMER IST EIN BADE-ZIMMER! Gestalten Sie das Badezimmer mit genau der gleichen Sorgfalt wie jeden anderen Raum in Ihrem Haus. Um vor einer Überfeuchtung des Raumes zu schützen, setzen Sie vermehrt Entsprechungen der Wandlungsphase *Holz* ein: Ein Holzboden, aber auch Bodematten aus Holzlatten und natürlich schöne Grünpflanzen erzeugen das geeignete Klima. Verwenden Sie bevorzugt Farben aus dem Grün- und Blauspektrum zusammen mit Weiß und einigen Tupfern Dunkel-

blau, Grau oder Schwarz (z. B. Handtücher, Muster auf dem Duschvorhang). Glas als Material (z. B. in Regalen und Ablagen) betont die *Wasser*-Qualität des Raumes. Vermeiden Sie Assoziationen zum Element *Feuer*, z. B. durch zu starke Rottöne.

NOCH EIN WORT ZUM «STILLEN ÖRTCHEN». Der Toilette stehen Pflanzen und frische helle Farben genauso gut wie dem Badezimmer. Halten Sie am besten den Toilettendeckel stets geschlossen – man sagt, dass das Glück spendende Qi durch einen geöffneten WC-Deckel sofort in die Kanalisation entweicht.

Ein allgemeines Problem in vielen modernen Badezimmern und Toiletten ist das Fehlen eines Fensters. Auch wenn Qi in Form von Luft-Qi durch die vorhandenen Belüftungsanlagen entweichen kann, fehlt so der optische Reiz für den Menschen. Diesen müssen wir schaffen: z. B. durch einen schön gerahmten Spiegel oder ein Bild mit einer herrlichen Landschaft, welches eine Art «Blick nach draußen» verkörpert.

Zusammenziehen – den Lebensraum teilen

Nun ist es so weit: Nach langem Hin und Her haben Sie sich vielleicht entschlossen, aus zwei Haushalten einen zu machen. Vielleicht zieht ein Partner zum anderen, vielleicht aber haben Sie auch gemeinsam eine neue Wohnung oder ein Haus für sich entdeckt. Wie auch immer: Eine große, nicht zu unterschätzende Veränderung kommt auf beide zu, die diesen Schritt für sich wagen – insbesondere dann, wenn beide lange Zeit in einem Single-Haushalt gelebt haben, in dem man bislang schalten und walten konnte, wie es einem gerade gefiel.

Eine Phase der Gewöhnung ist angesagt und die Fähigkeit, zugunsten der Beziehung Kompromisse einzugehen. Das heißt aber auch, dass Zusammenziehen nur dann funktioniert, wenn beide bereit sind, der Beziehung Energie zu geben und sie als etwas Neues zu betrachten, das in dem Moment entsteht, in dem zwei Menschen sich zusammentun und beschließen, das Leben miteinander zu teilen.

Der neue Lebensraum sollte Ausdruck für diesen Schritt sein. In ihm sollten nicht die Qualitäten einer einzelnen Person dominieren, sondern beide sollten dazu beitragen. Wenn Sie sich von den oben genannten Vorschlägen zur Gestaltung der gemeinsamen Räume leiten lassen, schaffen Sie schon eine gute Grundlage. Alles, was darüber hinausgeht, ist eine Frage Ihrer Bereitschaft, den Lebensraum mit einem anderen Menschen zu teilen, damit aus einem Nebeneinander ein Miteinander werden kann. Dieses Miteinander ist mehr als nur die Summe der Eigenschaften der beiden Partner – es ist etwas Neues, Drittes und hat ganz eigene und einzigartige Qualitäten.
Damit das neue Zuhause Ihrer Beziehung die Chance hat, dieses Miteinander frei zu entfalten, sollten Sie den Wohnraum im Vorfeld energetisch reinigen. Insbesondere wenn ein Partner in die Wohnung des anderen zieht und dort möglicherweise Spuren von Vorgängern oder Vorgängerinnen findet oder von anderen Erinnerungen, die einem Neuanfang im Wege stehen, ist eine rituelle Reinigung ganz wesentlich.
Das folgende Grundrezept sollten Sie im Sinne der Bedürfnisse Ihrer Partnerschaft variieren. Dazu können Sie aus den Düften, die dem Element Ihrer Partnerschaft entsprechen und sie stärken, etwas der Mischung beigeben. Im Übrigen ist eine solche Reinigung auch ideal nach heftigen Auseinandersetzungen – sie schafft wieder ein Klima der Gemeinsamkeit, verbunden mit dem Wunsch, sich wieder aufeinander zuzubewegen.

Feng-Shui-Ritual für neue Räume

Es ist sinnvoll, gerade wenn man einen wichtigen neuen Lebensabschnitt in einem neuen Zuhause beginnt, sich eine Umgebung zu schaffen, in der sich nichts ungebetenes Altes einnistet. Dieses kleine Ritual können Sie für jeden Raum Ihres neuen Zuhauses anwenden. Führen Sie es zusammen mit Ihrem Partner durch.

- → Stellen Sie sich ein Gemisch aus einigen Tropfen Zitronenöl, Mandarinenöl und ein wenig des Ihrer Partnerschaft entsprechenden Duftöles her und verschütteln Sie es gründlich mit *Wasser*. Geben Sie dieses Duftwasser anschließend in einen Handzerstäuber.
- → Richten Sie sich eine Schale Meersalz her.
- → Wenn Sie möchten, können Sie eine Glocke dabeihaben, die Sie während Ihres Rundgangs immer wieder schlagen.

- Nun schreiten Sie alle Räumlichkeiten Ihrer neuen Wohnung ab und beginnen dabei im hintersten Winkel des hintersten Zimmers. Wenn Sie mehrere Stockwerke haben, beginnen Sie oben. Konzentrieren Sie sich kurz und schärfen Sie Ihre Sinne für den Raum. Bewegen Sie sich langsam und versuchen Sie herauszufinden, wo in dem Raum sich Energien befinden könnten, die Sie als unangenehm empfinden. Dort versprühen Sie etwas vom Duftwasser.
- Wenn Sie einen Raum verlassen, versiegeln Sie ihn, indem Sie auf seine Schwelle etwas Meersalz streuen und die Tür hinter sich schließen.
- Als Letztes sollten Sie den Haupteingang versiegeln. Sie können jetzt z. B. einen Türkranz anbringen, vorzugsweise aus frischen grünen Zweigen mit roten Blüten und roten Bändern und Schleifen. Auch eine Glocke können Sie hier anbringen.
- Anschließend baden Sie gemeinsam. Das Salz können Sie einige Tage liegen lassen. Kehren Sie es einfach weg, wenn Sie das Gefühl haben, es habe nun ausgedient.

Ba Gua für Liebende

Wege zur erfüllten Partnerschaft

Was sind die Acht Lebenswünsche?

Die alten Chinesen wussten, dass sich Qi in einem Raum nach einem ganz bestimmten Muster verteilt. Deshalb besitzt jeder Winkel eines Raumes eine andere Qualität: mal dynamisch und anregend, mal kontemplativ und besänftigend. So entstand das Muster der *Acht Lebenswünsche*, auch *Ba Gua* oder *Acht Zeichen* genannt.

Hinter diesen Acht Lebenswünschen verbirgt sich eine Beschreibung der acht grundlegenden menschlichen Bedürfnisse. Diese Bedürfnisse haben alle Menschen gemeinsam, und auf der Ebene dieser Bedürfnisse begegnen wir einander.

In Partnerschaften kommt es häufig deshalb zu Auseinandersetzungen, weil wir glauben, der Partner würde uns daran hindern, unsere Bedürfnisse auszuleben. In Wirklichkeit können wir davon ausgehen, dass unser Gegenüber die gleichen Bedürfnisse hat wie wir – nur der Weg, diese Bedürfnisse zu erfüllen, ist manchmal sehr unterschiedlich. Während wir mit den Handlungen nicht einverstanden sein können, können wir uns sehr wohl auf der Ebene der Bedürfnisse mit unserem Partner verständigen. Ein erster Schritt in Richtung einer stabilen und entwicklungsfähigen Beziehung besteht deshalb darin, das Bedürfnis zu erkennen, das hinter einer Verhaltensweise steckt. Das

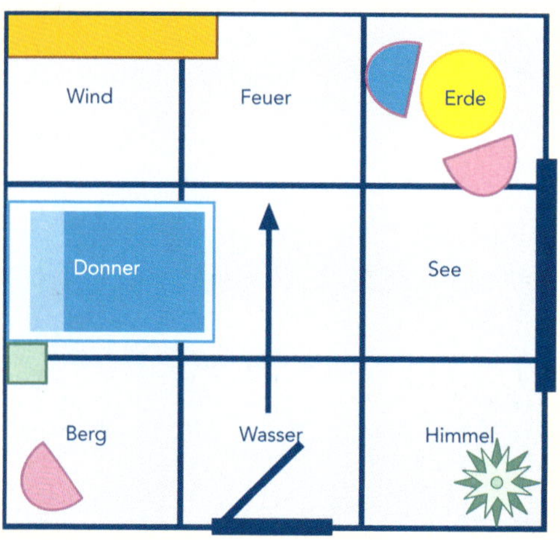

schützt uns davor, den anderen zu verurteilen, und hilft uns, ihm die Achtung als Mensch entgegenzubringen, die auch wir uns von ihm wünschen.
In einer Beziehung nehmen die Ba Gua aus diesem Grunde eine besondere Rolle ein, denn die positive Stimulierung der mit den Lebenswünschen verbundenen Raumenergien verbindet uns auf der Ebene allgemeiner menschlicher Bedürfnisse mit unserem Partner. Wenn wir diese Bereiche stärken, festigen wir auch das Fundament unserer Partnerschaft.

Was sind Heilmittel, und wie werden sie eingesetzt?

Um die positiven Kräfte in Ihren vier Wänden zu mehren, werden *Heilmittel* in den entsprechenden Bereichen eingesetzt: Das sind bestimmte Gegenstände und Symbole zur Stärkung des Qi. Der Sinn dieser Heilmittel besteht in erster Linie darin, unsere Aufmerksamkeit auf diesen Bereich zu lenken und die Atmosphäre zu harmonisieren. Wir können uns vorstellen, dass die positiven Energien, die wir dabei investieren, dort gespeichert werden und auf uns zurückwirken. Die Beschäftigung mit diesem Bereich ist dabei wichtiger als die korrekte Anwendung der Gegenstände. Sehen Sie deshalb die vorgeschlagenen Symbole eher als Anregung, ganz persönliche Heilmittel für sich selbst zu finden.
Wenn wir feststellen, dass in einem der Bereiche der Acht Lebenswünsche etwas nicht in Ordnung ist (manchmal im wahrsten Sinne des Wortes!), stärken die Heilmittel aufgrund ihrer Form, Farbe oder Symbolkraft die Energien dieses Bereiches. Dadurch wird nicht nur der Bereich selbst aufgewertet, sondern auch das entsprechende Lebensthema ins Lot gebracht. Hintergrund für die Auswahl der Heilmittel ist dabei die Zuordnung der Ba Gua zum Zyklus der fünf Elemente.

Hier eine Übersicht über die einzelnen Gua und die Elemente, die den jeweiligen Bereich heilen können:

Ba Gua	Heilende Elemente
Donner	Holz, Wasser
Wind	Holz, Feuer
Feuer	Feuer
Erde	Feuer, Erde
See	Metall, Erde
Himmel	Metall, Wasser
Wasser	Wasser
Berg	Erde, Metall

Um ein entsprechendes Heilmittel für einen Bereich zu finden, können Sie das Symbole-Lexikon mit den Elemente-Zuordnungen zurate ziehen. Dabei können Sie dort, wo zwei Elemente angegeben sind, auch beliebig kombinieren, z. B. für den Bereich *Erde* eine gelbe (*Erde*) Kerze (*Feuer*) oder für den Bereich *Wind* eine Pflanze (*Holz*) mit roten (*Feuer*) Blüten etc.

Welche Räume sind geeignet?

Jeder abgrenzbare Raum kann nach dem Muster der *Ba Gua* gestaltet werden: ein Zimmer, der Garten oder der Balkon, ja sogar der Schreibtisch. Die Anwendung ist dabei denkbar einfach: Der Raum wird mit Hilfe eines Rasters in neun gleich große Felder unterteilt. Die *Acht Lebenswünsche* gruppieren sich dabei rund um das leere Mittelfeld, dessen Bedeutung der Nabe eines Rades gleicht: Es profitiert von der Bewegung des gesamten Qi, wenn alle Ba Gua harmonisiert wurden, und hält die Bewegung aufrecht. Wie die Nabe eines Rades, die selbst keine Bewegung aufweist, laufen doch alle Speichen in ihr zusammen.
Erfahrungsgemäß eignen sich Zimmer, die Sie häufig benutzen, am besten für die Anwendung von Heilmitteln. Es ist dabei egal, ob Sie mehrere Zimmer mit demselben Thema bearbeiten oder in jedem Zimmer ein anderes Thema

zur Geltung bringen. Sie können selbstverständlich auch Ihren Arbeitsplatz, den Balkon und das Treppenhaus danach gestalten. Achten Sie jedoch darauf, nicht zu übertreiben: Die Heilmittel sollen die Energien eines Bereiches stimulieren und fördern, nicht aber übertönen.
Für die Partnerschaft ist naturgemäß das Schlafzimmer der Raum der ersten Wahl für die Anwendung der Ba Gua, doch auch alle anderen Zimmer können infrage kommen. Im Kapitel «Raum für zwei» erhalten Sie einige Hinweise, wie Sie die Heilmittel in den jeweiligen Zimmern anwenden können.
Es macht auch wenig Sinn, *alle* Lebenswünsche gleichzeitig zu behandeln. Es ist wichtig, dass Sie hier Prioritäten setzen und sich zunächst auf die Themen konzentrieren, die Ihnen im Augenblick wirklich am Herzen liegen. Dazu empfiehlt es sich, mit Hilfe der Beschreibungen zu den Acht Lebenswünschen ein Gefühl für den entsprechenden Bereich zu entwickeln, bevor Sie sich daranmachen, die Heilmittel aufzubauen.

Wie richte ich das Muster der Ba Gua aus?

Das Muster der Ba Gua kann auf zwei verschiedene Weisen auf einen Raum übertragen werden. Da jedem Lebenswunsch auch eine *Himmelsrichtung* zugeordnet ist, können Sie

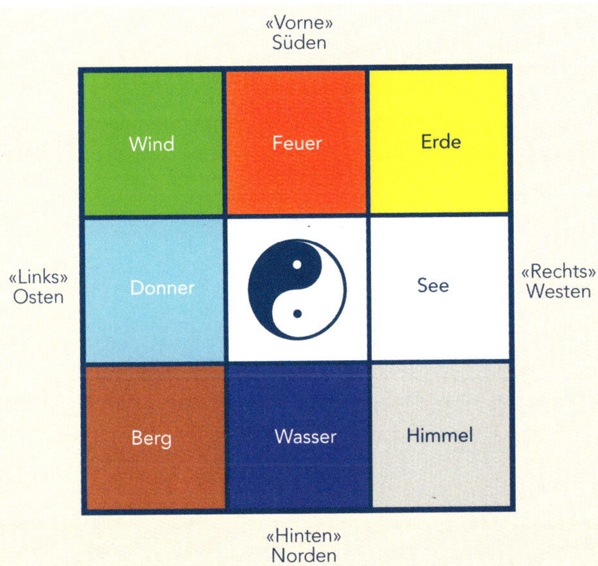

es nach dem Kompass ausrichten. Diese Methode ist besonders zu empfehlen für Häuser auf freien Grundstücken und für Gärten. Für kleinere Wohnungen, einzelne Räume und kleinere Bereiche hat sich die Methode der Ausrichtung nach der *Blickrichtung* des Eintretenden bewährt.
So finden Sie nach dieser Methode die Acht Wünsche in einem Raum:

- → Stellen Sie sich in die Tür des Raumes, den Sie untersuchen möchten.
  Blicken Sie dabei auf die gegenüberliegende Wand. Wichtig: Wenn ein Raum mehrere Türen hat, dann verwenden Sie stets diejenige Tür, die architektonisch als Haupteingang für den Raum vorgesehen ist!
- → Schlagen Sie die Abbildung der Ba Gua auf und orientieren Sie die Graphik so, dass das Feld **FEUER** in Ihre Blickrichtung zeigt. Dies ergibt folgende Anordnung:
  - **FEUER** entspricht stets der Mitte der Ihnen gegenüberliegenden Wand. Die Raumecke links davon entspricht **WIND**, die Ecke rechts davon **ERDE**.
  - **DONNER** liegt in der Mitte der Wand links von Ihnen und **SEE** in der Mitte der Wand rechts von Ihnen.
  - Die Wand, in der sich auch die Tür befindet, in der Sie gerade stehen, teilt sich ebenfalls in drei Bereiche auf: Die linke Ecke neben Ihnen belegt **BERG**, die Mitte der Wand *Wasser* und rechts daneben **HIMMEL**.
- → Für die Tür ergeben sich drei mögliche Positionen: entweder im Bereich **BERG**, im Bereich **WASSER** oder im Bereich **HIMMEL**. Aus diesem Grunde heißt diese Methode auch «Drei-Türen-Ba-Gua».

Die Anwendung der Ba Gua

Ob Sie nun Single sind oder in einer Partnerschaft leben, ob Sie mit Ihrem Partner einen gemeinsamen Hausstand teilen oder getrennte Wohnungen unterhalten – die Ba Gua bieten für jedes Stadium der Beziehung Möglichkeiten, positive Kräfte freizusetzen. Im Wesentlichen kommt es auf die richtige Kombination der Gua an.
Zunächst aber müssen wir uns im

Klaren sein, was wir brauchen, bevor wir eine Heilung der Acht Lebenswünsche anstreben. Dazu gibt es einige einfache, aber sehr effiziente Methoden.

Ba Gua für Singles

Als Single, der beschlossen hat, seinem Single-Dasein ein Ende zu bereiten, werden Sie wahrscheinlich ein besonderes Interesse daran haben, mit Hilfe der Ba Gua diejenigen Qualitäten zu stärken, die Ihnen fehlen, um den entsprechenden Schritt nach außen zu tun.
Dazu ist es sinnvoll, sich zunächst ein Bild davon zu machen, wie es gerade um Sie bestellt ist.

- ➔ Analysieren Sie Ihre aktuelle Lebenssituation!
- ➔ Übertragen Sie das Muster der Ba Gua auf den Raum, den Sie untersuchen möchten. Sehen Sie sich um: Gibt es Stellen, an denen sich Unordnung befindet? In welchen Bereich fallen diese?
- ➔ Beobachten Sie: Wie sieht es in den einzelnen Bereichen aus? Welche Gegenstände befinden sich in ihnen, und was könnten sie bedeuten? Inwiefern spiegelt das, was Sie dort sehen, Ihre tatsächliche Situation in Ihrem Leben wider?

Auf diese Weise erfahren Sie jede Menge über sich und welche Bedürfnisse bei Ihnen aktuell sind. Unordnung in einem der Bereiche deutet immer darauf hin, dass hier Unklarheit herrscht. Was diese Unordnung bedeutet, erfahren Sie bei den entsprechenden Gua.
Bevor Sie sich daranmachen, den jeweiligen Bereich neu zu gestalten und Heilmittel anzubringen, sollten Sie erst einmal gründlich und kompromisslos aufräumen:

- ➔ Entfernen Sie alles, was Energie staut: überladene Regale, Zeitschriftenstapel, Kleidungsstücke, verstaubter Krimskrams. Insbesondere solche Erinnerungsstücke, die beim Betrachten Zeiten in Ihnen wachrufen, die Sie lieber vergessen würden, müssen raus!
- ➔ Säubern Sie den Bereich gründlich und bringen Sie alle Gegenstände, die sich dort befinden, auf Hochglanz!
- ➔ Reinigen Sie die Luft des Raumes, z. B. mit einer entsprechenden Räuchermischung oder einem Duftpotpourri.

Ba Gua für Partner

In einer Partnerschaft gibt es viele Möglichkeiten, mit den Ba Gua zu arbeiten. Natürlich können Sie

genauso vorgehen wie ein Single und zuerst einmal die infrage stehenden Räumlichkeiten danach untersuchen, wo Unordnung herrscht – dies kann Ihnen dabei helfen herauszufinden, was in Ihrer Beziehung möglicherweise im Argen liegt.
Wahrscheinlicher aber wird dies nur zu Auseinandersetzungen führen, denn bekanntlich gibt es nichts, was unterschiedlicher bewertet wird als das, was unter Ordnung zu verstehen ist! So gesehen möchte ich Ihnen einen konstruktiveren Weg vorschlagen, die Bedürfnisse in Ihrer Partnerschaft zu klären. Gleichzeitig kann schon die Beschäftigung mit den Acht Lebenswünschen auf diese Weise ein guter Anfang für ein besseres und tieferes Verständnis für den anderen sein.

Partner-Übung: Das grundlegende Bedürfnis bestimmen

Setzen Sie sich mit Ihrem Partner zusammen und nehmen Sie sich eine aktuelle Streitfrage vor, die augenblicklich Ihre Beziehung belastet.
SCHRITT 1: Das Gefühl identifizieren. Jeder versucht dem anderen zu beschreiben, wie er sich in dieser Streitfrage fühlt. Es ist dabei wichtig, sich darauf zu beschränken, welches Gefühl gerade innerlich vorherrschend ist. Das ist gar nicht so einfach, denn als Gefühl sollen nur echte Empfindungen ausgesprochen werden, die unabhängig von dem sind, was auch immer der andere getan hat.
Es ist kein Gefühlsausdruck, wenn jemand sagt: «Ich fühle mich ausgenutzt», denn dies beinhaltet ja, dass es jemand geben muss, der einen ausnutzt. Es ist auch kein Gefühl zu sagen: «Ich fühle mich unverstanden», denn dies setzt voraus, dass der andere nicht genug Verständnis aufbringt.
Ein echtes Gefühl wäre zum Beispiel in den Sätzen «Ich bin traurig» oder «Ich bin wütend» enthalten. Weitere Beispiele: «Ich bin mutlos», «Ich bin frustriert», «Ich bin ängstlich» etc.
SCHRITT 2: Der andere hört sich die Gefühlsäußerung ruhig an und kommentiert sie nicht. Stattdessen versucht er herauszufinden, welches Bedürfnis im anderen nicht erfüllt wurde und deshalb dieses Gefühl in ihm vorherrscht.
Zum Beispiel könnte der Partner fragen: «Bist du wütend, weil du Ruhe brauchst?», oder: «Bist du traurig, weil du dir Offenheit wünschst?»
Achten Sie darauf, dass es nicht darum geht, sich selbst in dieses Bedürfnis einzubeziehen. Fragen Sie nicht: «Bist du ärgerlich, weil *ich* …»,

sondern formulieren Sie stets nach der Formel «Bist du ärgerlich, weil *du*… brauchst?». Versuchen Sie mit Ihrer Aufmerksamkeit ganz beim anderen zu bleiben.
Fragen Sie so lange, bis der Partner das Gefühl hat, dass sein Bedürfnis getroffen wurde. Dann suchen Sie sich in der folgenden Tabelle denjenigen Begriff aus, der dem ausgesprochenen Bedürfnis am nächsten kommt, und schlagen beim entsprechenden Lebenswunsch nach.
Dann wiederholen Sie beide Schritte für den anderen Partner. Vielleicht stellen Sie fest, dass beide genau das gleiche Bedürfnis in der Beziehung haben: Das bedeutet, dass für beide das gleiche Gua gilt. In diesem Fall sollten beide sich gemeinsam überlegen, wie Sie diesen Bereich gestalten. Jeder sollte etwas beitragen dürfen, das seinen Vorstellungen entspricht. Wenn verschiedene Bedürfnisse herauskommen, kann jeder seinen eigenen Bereich gestalten.

Übersicht über die Ba Gua

	Menschliches Bedürfnis	Ba Gua
1	Autonomie, Selbstwert, Selbständigkeit, Abwechslung, Spannung	Donner
2	Sicherheit, Nahrung, Schutz, Ruhe, Unterkunft, Bewegung, Unversehrtheit, körperliche Gesundheit, Entspannung	Wind
3	Anerkennung, Gestaltung, Erfüllung, Sinnhaftigkeit, Engagement, Selbstachtung, Selbstbestimmung, Selbstausdruck, Wachstum, Freude	Feuer
4	Zuneigung, Geborgenheit, Wärme, Nähe, Liebe, Einfühlsamkeit, Vertrauen, Sinnlichkeit	Erde
5	Teilnahme, Gemeinschaft, Beitrag, Rücksichtnahme, Ehrlichkeit, Akzeptanz, Feiern, Unterstützung, Zugehörigkeit, Mitbestimmung, Verpflichtung, Kooperation	See
6	Ordnung, Inspiration, Frieden, Wahrheit, Harmonie, Schönheit, Sinn, Humor, Gerechtigkeit, Freiheit	Himmel
7	Identität, Kreativität, Träume, Phantasie, Vorstellung, Spielen	Wasser
8	Verständnis, geistige Gesundheit, Lernen, Meditation, Neugier, Selbsterkenntnis, Stille, Für-sich-Sein.	Berg

Donner

Zhen – das Erbeben, das Erregende – Donner – Osten
Heilende Elemente: *Holz, Wasser*

Der Drache erhebt sich

Der Drache erwacht aus seinem Schlaf und erhebt sich im Frühling mit lautem Getöse zum Himmel hinauf – der erste Donner und der erste Regen. Es heißt: «Alle Wesen treten hervor im Zeichen des Erregenden», werden sichtbar und zeigen sich, so wie das erste Licht der Sonne die Nacht vertreibt. Das Zeichen des *Donners* steht für den Frühling, wenn die Vegetation wieder zu sprießen beginnt und sich die Keimlinge ihren Weg aus dem Dunkel der *Erde* ans Licht bahnen. Als Tageszeit entspricht es dem Morgen, wenn sich im Osten die Sonne erhebt und der Tag anbricht. In diesem Bereich spüren wir die Energien des Neuanfangs.

Das Bedürfnis nach Autonomie

Jeder Mensch hat das Bedürfnis, seinen Weg selbst bestimmen zu können und eigene Entscheidungen über sein Leben zu treffen. Der Bereich *Donner* steht für dieses Bedürfnis nach Autonomie, welches uns die Erlaubnis gibt, jederzeit unsere Zelte abzubrechen und nur unserer inneren Stimme zu folgen – ohne Rücksicht auf die Wünsche und Erwartungen der anderen. *Donner* sorgt für Abwechslung im Leben und hilft uns dabei, festgefahrene Vorstellungen über Bord zu werfen und alte Gewohnheiten hinter uns zu lassen. Hier finden wir die Kraft für einen Neuanfang und die Überwindung der Vergangenheit.

Für Singles

Wenn Sie noch solo sind, ist dieser Bereich besonders wichtig für Sie, denn er steht für den Wunsch, den bestehenden Zustand zu verändern. Dabei gibt *Donner* Ihnen den Mut, zu sich selbst zu stehen und sich von fremden Einflüssen und Vorstellungen frei zu machen. *Donner* steht für unser Selbstwertgefühl und unsere Freude an Spannung und Abwechslung – beides wichtige Voraussetzungen, um sich überhaupt auf die Suche nach Partnerschaft zu machen. Wenn Sie *Donner* stärken, wird es Ihnen leichter fallen, auf andere Menschen zuzugehen, weil Sie sich Ihrer selbst sicherer sind. Es hilft Ihnen, klar zu unterscheiden, was Sie wollen und was Sie nicht wollen. Mit einem klaren Blick für Ihre eigenen Bedürfnisse können Sie endlich den ersten Schritt wagen.

In der Partnerschaft

Viele Beziehungen erreichen früher oder später einen Punkt, an dem sich die Partner müde fühlen und sich nach Abwechslung sehnen. Vielleicht ist die Partnerschaft schon zu sehr Alltag geworden, und das Leben mit dem anderen hat eine Routine bekommen, die nicht mehr als beruhigend, sondern als lähmend empfunden wird. *Donner* hilft diesen Punkt der Stagnation zu überwinden und erlaubt den Partnern, sich selbst und den anderen innerhalb der Beziehung neu zu entdecken. Dazu ist es möglicherweise notwendig, zunächst jedem für sich die Gelegenheit zu geben, für sich selbst zu bestimmen, was ihm jetzt wichtig und richtig erscheint. Gerade wenn unterschiedliche Ideen darüber zwischen zwei Menschen auftauchen, sollte dies als Chance verstanden werden, neue Spannung in die Beziehung zu bringen. *Donner* hilft, diese Prozesse als konstruktiv und positiv zu erleben.

Wind

Xun – die Wurzel, das Sanfte –
Wind, *Holz*/Baum – Südosten
Heilende Elemente: *Holz*, *Feuer*

Der Atem der Erde

Nach dem Aufbruch der Natur folgt eine stillere Phase der Festigung in der Natur: Aus den Keimen entwickeln sich Pflanzen, die an Stärke zunehmen – «sie werden völlig im Zeichen des Sanften», heißt es. Die lauen Lüfte des *Windes*, unsichtbar und doch spürbar, fangen sich im immer dichter werdenden Blätterwerk der Bäume und Büsche und tragen den Blütenstaub von einer Pflanze zur anderen: der Fruchtbarkeit spendende himmlische Segen, der «Atem der *Erde*». Zugleich dringen die Wurzeln immer tiefer in das Erdreich ein und sorgen für Halt und Stabilität.

Das Bedürfnis nach Sicherheit

Das Bedürfnis nach Sicherheit hat viele Gesichter. Da ist zum einen der Wunsch nach körperlicher Unversehrtheit, nach physischer Gesundheit, der einhergeht mit dem Wunsch nach gesunder und ausreichender Nahrung und dem Schutz vor Krankheiten und anderen lebensbedrohenden Einflüssen. Wir wollen uns bewegen können, ein Dach über dem Kopf haben, wo wir auch Ruhe finden können, um uns zu entspannen. All diese Aspekte umfasst *Wind*, und er steht deshalb in besonderem Maße mit dem Thema «Wohnen» in Verbindung, denn die vier Wände unseres Zuhauses sind der Ort, an dem wir uns Schutz und Sicherheit vor der Welt «da draußen» wünschen.

Für Singles

Wer allein lebt, wird das Thema dieses Bereiches möglicherweise als besonders essenziell für sich erleben, denn gerade für Singles sind die eigenen vier Wände oftmals Ausdruck für die Selbständigkeit und die Unabhängigkeit, die das Single-Dasein als Vorteil mit sich bringt. Doch wer sich auf andere Menschen einlassen und eine Beziehung eingehen möchte, muss sich mit dem Gedanken vertraut machen, das Leben und damit auch den Lebensraum zu teilen. Auch wenn es viele Beziehungen gibt, die auf der Basis getrennter Hausstände funktionieren, kommt früher oder später möglicherweise der Wunsch auf, sich ein gemeinsames Zuhause zu schaffen. Um die Bereitschaft bei sich selbst zu steigern, sich auf dieses Abenteuer einzulassen, sollten Sie diesen Bereich stärken.

In der Partnerschaft

Wenn Sie sich bereits in einer Partnerschaft befinden und nun ansteht zu entscheiden, ob man zusammenziehen soll oder nicht, kann Ihnen dieser Bereich helfen, ein klareres Bild davon zu bekommen, was auf Sie zukommt. Nicht immer fällt es leicht, die Unabhängigkeit der eigenen vier Wände aufzugeben und sich mit einem anderen Menschen ein gemeinsames Zuhause zu schaffen, das nicht zuletzt das Fundament für eine Familie sein kann. Auch materielle Gründe können hier eine nicht unerhebliche Rolle spielen. Auch wenn Sie bereits zusammenleben, kommt es immer wieder zu Schwierigkeiten, weil es unterschiedliche Auffassungen darüber gibt, wie dieses Zusammenleben zu gestalten sei. Dieser Bereich kann Ihnen helfen, klarere Bilder über ein gemeinsames Zuhause zu entwickeln. Wenn Sie *Wind* harmonisieren, werden Sie zugleich die Funktion Ihres Zuhauses als Geborgenheit und Schutz spendender Raum stärken. Dies kann Ihnen auch bei Anfeindungen von außen ein Gefühl von Stärke und Stabilität zurückgeben.

Feuer

Li – das Haftende, das Ausstrahlen – *Feuer*, Licht – Süden
Heilendes Element: *Feuer*

Leuchtfeuer auf dem Weg

Wenn die Sonne ihren jährlichen Höchststand zur Zeit der Sommersonnenwende erreicht und in ihrem täglichen Bogen über dem südlichen Horizont am höchsten über unseren Köpfen steht, beginnt die wärmste und hellste Zeit des Jahres bzw. des Tages. *Feuer* ist mit der Eigenschaft des «Haftenden» verbunden, weil es einen Stoff braucht, an dem es «haften» kann, um von ihm zu zehren. Es strahlt in alle Richtungen aus und bringt Licht in unser Bewusstsein, erhellt unsere Gedanken. In der Dunkelheit zeigt uns das *Feuer* den Weg: Es weist uns die möglichen Ziele unserer Lebensreise wie ein Leuchtturm in der Nacht.

Das Bedürfnis nach Sinn im Leben

Kein anderes menschliches Bedürfnis ist so stark wie das Bedürfnis nach Sinn im Leben. Wir alle wollen, dass unsere Handlungen sinnvoll sind und dass die Wege, die wir beschreiten, uns am Ende an ein Ziel bringen. Den richtigen Weg erkennen wir daran, dass er uns Freude macht und wir das Gefühl haben, mit jedem Schritt in die Zukunft zu wachsen. *Feuer* gibt uns die Kraft, unser Leben als Ausdruck unserer Persönlichkeit zu betrachten und es aktiv zu gestalten. Zur Erfüllung dieses Bedürfnisses gehört auch, dass wir für das, was wir sind und was wir hervorbringen, respektiert und anerkannt werden. Deshalb steht *Feuer* nicht nur für die Selbstachtung, sondern auch für die Achtung, die uns andere entgegenbringen.

Für Singles

Dieser Bereich hat für gewöhnlich nur dann eine Bedeutung für Sie, wenn der Grund Ihres Single-Daseins auch Ihr Engagement in beruflicher Hinsicht ist. Sie glauben, keine Zeit für Beziehungen zu haben, weil Sie zu stark in das öffentliche Leben involviert sind. *Feuer* kann hier helfen zu verstehen, dass der Beruf nur ein Teil des Lebenszieles ist, niemals aber das ganze Ziel sein kann. Ein anderer wichtiger Aspekt ist, den Erfolg und die Anerkennung, die wir in unserem Berufsleben ernten, mit einem anderen Menschen zu teilen. Wenn Sie den Bereich *Feuer* ausgleichen, unterstützt Sie das, eine ganzheitliche Vision Ihres Selbst zu erleben, in der andere Bedürfnisse nicht ausgeklammert werden, sondern lebendiger Bestandteil der Lebensplanung sein können.

In der Partnerschaft

Nicht selten leiden Partnerschaften darunter, dass ein Partner – manchmal auch beide – zu stark in den Beruf eingespannt ist. Das Gefühl, dass die Beziehung zu kurz kommt, wenn ein Partner mehr Zeit für seine beruflichen Ziele aufwendet, stellt sich schnell ein und kann zu großen Frustrationen führen. Die Stärkung des Bereiches *Feuer* hat hier mehrere heilsame Wirkungen: Zum einen richtet es das Augenmerk wieder auf die Beziehung als wichtigen Teil dessen, was wir den Sinn in unserem Leben nennen, und zum anderen fördert es die Anerkennung des Engagements beider Partner in der Beziehung und die Achtung der Lebensentwürfe des Einzelnen. So wird die Beziehung als Ganzes zum Raum für persönliches Wachstum beider Partner.

Erde

Kun – empfangen – *Erde*, Raum – Südwesten
Heilende Elemente: *Erde, Feuer*

Das Fundament des Lebens

Das reine Licht der Sonne ist so lange farblos, bis es auf die Struktur und die Oberfläche der Materie trifft und dort zum Teil zurückgestrahlt wird: Farben und Formen werden sichtbar, die Vielfalt des irdischen Lebens kann sich zeigen. Ein Teil der Energie wird auch von der Erde als Wärme gespeichert und setzt dort kreative Prozesse in Gang. Die *Erde* ist die Grundlage des menschlichen Lebens. Sie nährt uns und gibt uns Halt. Sie ist das Fundament des Lebens. *Erde* entspricht dem Spätsommer: Die Sonne hat jetzt ihren Höchststand überschritten, und ihre Bahn führt sie immer näher an den Horizont.

Das Bedürfnis nach Liebe

Liebe ist das Fundament des Lebens. Ohne Liebe gibt es keine Verbundenheit zwischen Menschen, und das Bedürfnis nach Liebe ist es, das uns danach sehnen lässt, das Leben mit einem anderen Menschen zu teilen. Dieses Bedürfnis ist unzweifelhaft das wichtigste in unserem Zusammenhang, und deshalb ist *Erde* auch der wichtigste Lebenswunsch. Wenn wir diesen Bereich stärken und harmonisieren, dann schaffen wir einen Raum für unser Bedürfnis nach Zuneigung, Wärme und Geborgenheit in der Zweisamkeit. *Erde* ist der Ausdruck für unsere Fähigkeit, einfühlsam und zärtlich miteinander umzugehen – die Grundlage für das Vertrauen in jeder Beziehung.

Für Singles

Vielleicht sind Sie sich über Ihre Gefühle für jemanden nicht im Klaren, oder vielleicht fällt es Ihnen grundsätzlich schwer, den Kontakt zu sich selbst auf der Ebene der Gefühle aufrechtzuerhalten. Immer dann, wenn wir lange allein gelebt haben, wird Liebe zu etwas übermenschlich Großem – vielleicht etwas, das wir niemals erreichen können. In Zeiten, in denen wir dies glauben, sollte der Bereich *Erde* gestärkt werden, denn er bringt uns wieder mit diesem Bedürfnis in Kontakt und zeigt uns, dass Liebe jedem offen steht, der bereit ist, sich ihr zu öffnen. Wer sich auf der Suche nach Partnerschaft macht, der sollte diesen Bereich in seinen vier Wänden ganz besonders pflegen.

In der Partnerschaft

Liebe ist das Fundament jeder Partnerschaft – Liebe ist die Quelle der Kraft, das Leben gemeinsam zu meistern. Liebe ist mehr als nur ein Gefühl – es ist ein grundlegendes menschliches Bedürfnis, und die Frage des Partners «Liebst du mich?» ist weniger die Frage nach der Echtheit der Gefühle, sondern spricht für dic Sorgc darum, dass dieses Bedürfnis in der Beziehung irgendwann nicht mehr erfüllt werden könnte. Viele übersehen, dass es nicht den «richtigen» Weg gibt, um seiner Zuneigung und seinem Vertrauen dem anderen gegenüber Ausdruck zu verleihen. Vielleicht erwarten wir, dass der andere dieses oder jenes tut, damit wir uns seiner Liebe sicher sein können. Doch die Wege der Liebe sind so vielfältig wie die Menschen selbst – nur das Bedürfnis ist immer das Gleiche. Wenn Sie diesen Bereich heilen, dann stärken Sie die Liebe als Fundament Ihrer Beziehung. Sic sind dann besser in der Lage, den anderen in seinem Bedürfnis nach Einfühlsamkeit und Sinnlichkeit zu verstehen.

See

Dui – das Heitere, Offene – See, Wasserfläche – Westen
Heilende Elemente: *Metall, Erde*

Miteinander das Leben gestalten

Im Westen geht die Sonne unter. Das Bild des *Sees* verbindet uns mit dem Gedanken der Vollendung, so wie der Untergang der Sonne den Tag zu einem Ende bringt und im Herbst sich die Bestimmung der Vegetation in Reife und Ernte erfüllt. Der Mensch blickt in den See wie in die blank polierte Fläche eines Spiegels und erkennt an dem, was er erreicht hat, wer er geworden ist. Zugleich verkörpert der *See* die Stimmung nach getaner Arbeit: Die Menschen begegnen einander offen und unbefangen, um miteinander zu reden, zu tanzen und sich den schönen Dingen des Lebens zu widmen.

Das Bedürfnis nach Gemeinschaft

Mit *See* wird eines der komplexesten Bedürfnisse des Menschen angesprochen – vielleicht gerade jenes Bedürfnis, das den Menschen von den übrigen Lebewesen auf dieser Welt unterscheidet: der Wunsch nach einem sozialen Miteinander. Jeder Mensch möchte auf irgendeine Weise dazugehören und nicht außerhalb des Kreises stehen. Wir brauchen eine Gemeinschaft, zu der wir etwas beitragen können, die Interesse daran hat, dass wir uns einbringen. Diese Gemeinschaft stärkt uns den Rücken, gibt uns Unterstützung und ist Anlass zur Freude – gerne treffen wir uns in der Runde unserer Freunde, um Feste zu feiern und einfach das Gefühl von Gemeinschaft zu genießen. Dazu gehört aber auch, dass wir uns an bestimmte Regeln der Gemeinschaft halten, dass wir ehrlich miteinander umgehen und bereit sind, zu kooperieren und Rücksicht auf die Bedürfnisse anderer zu nehmen.

Für Singles

Neben dem Bedürfnis nach Liebe ist das zweite wichtige Bedürfnis, das uns auf die Suche nach Partnerschaft schickt, der Wunsch, nicht allein zu sein. Für viele Singles ist das Gefühl von Einsamkeit jedoch zu einem alltäglichen Begleiter geworden – und das auch, wenn sie tagein, tagaus von vielen Menschen umgeben sind, zum Beispiel am Arbeitsplatz. Dennoch ist die aktive Teilnahme am Leben mit anderen Menschen oft die Voraussetzung dafür, auch zufrieden stellende Beziehungen aufbauen zu können. Je mehr wir uns isolieren, umso geringer sind die Chancen, dass wir Menschen kennen lernen werden, mit denen wir das Glück einer Partnerschaft teilen können. Um dieser Tendenz, sich aus Frust über Einsamkeit zu isolieren, entgegenzuwirken, sollten Sie diesen Bereich stärken. Es hilft Ihnen, das Bedürfnis nach Begegnung als fundamentale Kraft zu akzeptieren, die unser Herz für andere Menschen wieder öffnet.

In der Partnerschaft

In einer Partnerschaft zu sein, vielleicht sogar in einer, in der echte Liebe das Fundament für die Beziehung ist, bedeutet noch lange nicht, dass das Bedürfnis nach Gemeinschaft sich auch erfüllt – und das in zweierlei Hinsicht: Gemeinschaft zwischen den Partnern und Gemeinschaft des Paares mit Freundinnen, Bekannten, Freunden, Verwandten, Kolleginnen und Kollegen. Wenn das Bedürfnis nach Gemeinschaft in der Partnerschaft selbst unerfüllt bleibt, dann kommt es häufig zu Streitigkeiten darüber, wer auf wen wie und bei welcher Gelegenheit Rücksicht hätte nehmen sollen und es nicht getan hat. Auch der Vorwurf des Egoismus ist dann schnell gemacht. Hier kann der Lebenswunsch *See* helfen, sich wieder auf die Gemeinsamkeiten in der Partnerschaft zu besinnen und die Bedürfnisse des anderen nach Rücksichtnahme, Ehrlichkeit und Unterstützung besser wahrzunehmen. Wenn durch eine Partnerschaft die Gemeinschaft mit dem Freundeskreis oder den Verwandten verloren geht, hilft die Stärkung von *See*, die Beziehung nach außen wieder zu öffnen und die Menschen in der Umgebung der Beziehung einzubeziehen.

Himmel

Qian – das Schöpferische, Energie – Himmel – Nordwesten
Heilende Elemente: *Metall, Wasser*

Sich dem Leben anvertrauen

Die gewaltige Himmelskuppel ist über den Erdkreis wie ein riesiges schützendes Zelt gespannt. Hier residieren wohlwollende, Segen spendende Mächte, die dem Menschen Inspiration und Hilfe schicken, wenn er sich ihnen öffnet. Der *Himmel* ist Sinnbild der Gesetzmäßigkeit göttlicher Ordnung, wie dies der regelmäßige Gang der Gestirne am Firmament zum Ausdruck bringt. Wenn wir dem Fluss des Lebens vertrauen, wird alles gut. Der *Himmel* heißt auch «das Schöpferische», weil er eine unerschöpfliche Quelle der Kraft ist und den Kosmos nicht nur aufrechterhält, sondern in jedem Augenblick neu erschafft.

Das Bedürfnis nach Ordnung

Unter Ordnung ist in diesem Zusammenhang das Bedürfnis zu

verstehen, sich als Bestandteil eines größeren Ganzen zu fühlen und dort einen Platz einzunehmen. So wichtige Werte wie Gerechtigkeit, Frieden, Wahrheit und Schönheit haben hier ihren Platz. Die alten Chinesen assoziierten mit diesem Lebenswunsch die «hilfreichen Freunde» – damit war gemeint, dass es Kräfte gibt, die unser individuelles Leben übersteigen und einer höheren Ordnung folgen. Wenn wir in Kontakt mit diesen lebensbejahenden und schöpferischen Kräften sind, dann kommt uns gerade in dunklen Stunden unerwartet und überraschend Hilfe und Unterstützung entgegen: Wichtig ist nur, auf das Leben zu vertrauen.

Für Singles

Manchmal könnten wir ein Quäntchen Glück gebrauchen, um unseren Zielen näher zu kommen – gute Absichten allein reichen oft nicht aus. So oder so ähnlich mag es Ihnen als Single auch durch den Kopf gehen: Da gehen Sie regelmäßig aus, gehen offen und ehrlich auf Leute zu und lernen sie kennen – und doch ist nie der oder die Richtige dabei. Vielleicht fühlen Sie sich auch als Pechvogel und glauben, dass das Schicksal es zurzeit einfach nicht gut mit Ihnen meint. Wenn Sie so denken, hilft Ihnen der Lebenswunsch *Himmel*, wieder Vertrauen darin zu haben, dass am richtigen Ort und zur rechten Zeit der richtige Mensch auf Sie wartet. Tatsächlich kann die Aktivierung dieses Bereiches Ihnen genau die Offenheit für das Wunderbare zurückgeben, die Sie brauchen, um das Blatt zu wenden.

In der Partnerschaft

In der Partnerschaft spielt das Bedürfnis nach Ordnung am ehesten dann eine Rolle, wenn zwei Menschen unterschiedliche Vorstellungen vom Leben haben – ungeachtet der Gefühle, die zwischen beiden herrschen. Ordnung im naheliegendsten Sinne der häuslichen Pflege ist hier das Paradebeispiel: Was für den einen der Inbegriff von Ordentlichkeit ist, kann für den anderen schon das hereinbrechende Chaos sein. Es gibt so viele Vorstellungen über Grundwerte wie Ordnung, Frieden, Harmonie und Gerechtigkeit, wie es Menschen gibt. Der Versuch, diese über einen Kamm zu scheren, kann nur darin enden, dass ein Partner den anderen dominiert. Auf Dauer kann dies nicht zum wachsenden Glück in einer Beziehung beitragen, und nicht selten ist der Bruch programmiert. Hier kann die Harmonisierung des Bereiches *Himmel* helfen, sich selbst wieder in Kontakt mit dem zu bringen, was Menschen miteinander verbindet, nämlich die gleichen menschlichen Bedürfnisse und das Wissen, dass wir uns nur in der Art und Weise unterscheiden, diese Bedürfnisse zu erfüllen. Dieses simple Verständnis kann schon dazu führen, verschiedene Wertvorstellungen nicht als Ausdruck von Konkurrenz zu erleben, sondern als bereichernde Vielfalt.

Wasser

Kan – das Abgründige, die Schlucht – *Wasser*, der Strom – Norden
Heilendes Element: *Wasser*

Am Grund des Seins

Wasser liegt dem Bereich des *Feuers* genau gegenüber – der höchste Punkt des Sonnenlaufs über dem Horizont dem tiefsten unter ihm. *Feuer* als das aufsteigende Element ist ein ebenso treffendes Bild für den Zenit wie *Wasser* für den Fußpunkt der Welt: Es fließt stets nach unten und sammelt sich am tiefsten möglichen Ort. Nicht umsonst weckt dieser Bereich Bilder von Talschluchten und Klammen, an deren Grund sich der Strom des *Wassers* verborgen und doch kraftvoll und unaufhaltsam vorwärts bewegt.

Das Bedürfnis nach Schöpfung

In jedem Menschen steckt der Wunsch, schöpferisch aktiv zu werden und mehr aus seinem Leben zu machen. Wir wollen kreativ sein und unsere Träume und Phantasien zum Ausdruck bringen. Dazu benötigen wir Kontakt zu jenen Fähigkeiten und Kräften tief in unserem Inneren, die unser schöpferisches Potenzial darstellen. Mit diesen sind wir zur Welt gekommen, und sie wollen wir weiterentwickeln. Das Bedürfnis nach Schöpfung ist eng verbunden mit dem Wunsch nach Entwicklung, nach Ausprobieren und nach spielerischem Umgang mit dem, was uns begegnet. In der Art und Weise, wie wir mit der Welt umgehen und sie gestalten, erkennen wir uns als Persönlichkeit wieder. Der Lebenswunsch *Wasser* ist deshalb auch der Bereich, in dem wir am deutlichsten unsere

Identität als Individuum spüren können.

Für Singles

Mit unserer Fähigkeit, Beziehungen aufzubauen, hat der Bereich *Wasser* unmittelbar nichts tun. Doch geht es hier um unsere Träume und unsere Vorstellungen davon, uns selbst zu verwirklichen. Wer möchten wir im Grunde unseres Herzens sein? Welche Bilder über uns selbst tauchen aus unserem Inneren auf, wenn wir die Aufmerksamkeit vom lärmenden Alltag nach innen lenken und nur unserer inneren Stimme lauschen?
Erfolg bei der Suche nach einem Partner heißt auch, jemanden zu finden, der auf der gleichen «Wellenlänge» ist, der meine Phantasien teilen und mit mir zusammen träumen kann. Wenn Sie diesen Bereich stärken, fördern Sie die Kommunikation mit sich selbst. Dies kann Ihnen helfen, sich bei der Suche nach einem Menschen, mit dem Sie das Leben teilen, nicht selbst aus den Augen zu verlieren.

In der Partnerschaft

Wann waren Sie das letzte Mal so richtig kreativ mit Ihrem Partner? Wann haben Sie gemeinsam etwas unternommen und haben sich dabei gefreut wie in den ersten Tagen Ihres Verliebtseins? Haben Sie noch die gemeinsamen Träume und Phantasien, die ein so starker Ausdruck Ihres Zusammengehörigkeitsgefühls sind?
Im Alltag reduzieren wir uns gerne auf Energie sparende Gewohnheiten. Dabei könnte eine Partnerschaft ein nie versiegender Quell an Inspiration und Kreativität sein, der das Leben nicht nur angenehmer, sondern auch spannender und aufregender machen kann! Wenn nur noch Routine eine Partnerschaft zusammenhält, dann sollten Sie den Bereich *Wasser* stärken: Dann kehrt die spielerische Neugier wieder, mit der Sie in das Abenteuer dieser Beziehung gestartet sind.

Berg

Gen – das Stillehalten, Begrenzung – Berg – Nordosten
Heilende Elemente: *Erde, Metall*

Konzentration auf die Mitte

Berg steht für die Kraft der Konzentration auf die Mitte hin, so wie die Masse des Berges vom Tal hin zum Gipfel strebt, auf den einen Punkt, an dem der Berg den Himmel berührt. Deshalb steht der Berg auch für den Ort, an dem alles seinen Anfang nimmt, und der Aufstieg auf den Berg ist gleichsam eine Reise an den Ort, an dem man mit sich eins ist, zu den eigenen Quellen, während der Abstieg symbolisch für das Ausbreiten der Persönlichkeit in der Welt steht – die «zehntausend Dinge». Wer den Aufstieg geschafft hat, der kann sich Zeit nehmen, um die Vergangenheit in Ruhe zu betrachten.

Das Bedürfnis nach Klarheit

Jeder Mensch braucht Zeit und Raum, um ganz für sich sein zu können. In diesem Freiraum sinnen wir über uns nach und suchen nach Antworten, die uns ein tieferes Verständnis von uns selbst geben können. Es geht um Selbsterkenntnis und darum, die Eindrücke, die unser Leben gestalten, angemessen zu verarbeiten und aus ihnen in Ruhe zu lernen, um dann selbst schöpferisch auf die Welt einzuwirken. *Berg* steht für Geben und Nehmen, für einen Ausgleich zwischen Innen und Außen, für Klarheit darüber, was wir zur Welt beitragen können, um aus unserer Mitte heraus der Ursprung für einen neuen Anfang zu sein.

Für Singles

Die Bedürfnisse, für die *Berg* steht, werden selten als Schlüssel für eine erfolgreiche Suche nach Partnerschaft gesehen. Dabei geht es hier genau um die Frage: Was bin ich eigentlich bereit zu investieren, wenn ich eine Beziehung eingehe? Was verstehe ich überhaupt unter Beziehung? Und: Wie sieht es mit meiner Bereitschaft aus, Beziehung als Geben und Nehmen zu betrachten?
Wenn Sie diesen Bereich stärken, schaffen Sie Klarheit über Ihre

Motivationen in einer Partnerschaft. Es hilft Ihnen, zu erkennen, worin die Chance besteht, sich auf einen anderen Menschen einzulassen, und was dieses Einlassen für die Entwicklung Ihrer Persönlichkeit bedeuten kann.

In der Partnerschaft

In einer bestehenden Beziehung wird *Berg* wahrscheinlich dann gefragt sein, wenn einer oder beide Partner das Gefühl haben, keine Zeit mehr für sich selbst zu haben. *Berg* sorgt dafür, dass wir die Ruhe und die Muße finden, unsere Energien auch einmal auf uns selbst zu richten, um wieder in Kontakt mit unseren ureigenen Bedürfnissen zu kommen. Deshalb ist dieser Lebenswunsch der einzige, der nur allein gepflegt werden kann. Jeder sollte im gemeinsamen Zuhause einen Winkel für sich haben, in dem er über sich selbst, seine Rolle in der Beziehung und überhaupt in der Welt meditieren und mit sich selbst ins Reine kommen kann. Die Partner sollten diesen Bereich unbedingt gegenseitig respektieren.

Symbole-Lexikon

Die heilende Kraft der Elemente

Das Symbole-Lexikon ist gegliedert nach den fünf Elementen, sodass Sie je nach Anwendungsbereich schnell das für Sie richtige Heilmittel herausfinden können. Sie finden Hinweise auf Symbole, Pflanzen, Mineralien, Formen und Farben. Kombinieren Sie aus dieser Palette nach Belieben und stellen Sie so Ihr ganz individuelles Heilmittel zusammen.
Bei der Auswahl der unterschiedlichen Entsprechungen sollten Sie sich jedoch folgenden Grundsatz einprägen:

Form geht vor Farbe, und Farbe geht vor Material.

Das heißt, dass bei einer Kombination der Ebenen stets die Form eines Gegenstands den Ausschlag dafür gibt, welchem Element er zugeordnet wird.
Beispiel: Eine schwarze Pyramide aus Stein ist in erster Linie *Feuer* zuzuordnen (spitz zulaufende Form), in zweiter Instanz verkörpert sie die Kraft von *Wasser* (Farbe Schwarz), und zuletzt besitzt sie auch noch Bezüge zu *Erde* (Material Stein).
Hier ein paar weitere Tipps:
Farben, Formen, Materialien sind nicht nur interessant für Möbelstücke und Dekorationen. Vielleicht suchen Sie für Ihren Partner ein passendes **GESCHENK**, dann lassen Sie sich von den jeweiligen Entsprechungen inspirieren! Sie können entweder Ihrem Partner etwas schenken, was seinen Elemente-Typ stärkt, oder Ihrem Partner ein «Stück» von Ihnen überreichen.
Auch **KLEIDUNGSSTÜCKE** und Accessoires bieten sich an – hier hat sich insbesondere für Singles die Farbwahl des empfohlenen Elements bewährt. Dabei genügt in den meisten Fällen wirklich nur ein Farbklecks im Gesamtbild, um die entsprechende Qualität zu erzeugen. Welches Element Ihnen dann am besten steht, erfahren Sie im entsprechenden Abschnitt Ihres Elemente-Typs.
«Liebe geht durch den Magen!» – und damit das nicht nur ein leerer Spruch bleibt, finden Sie für jedes Element eine **ZUTATENLISTE**, aus der Sie ein Menü für sich und Ihren Partner kreieren können. Lassen Sie Ihrer Phantasie freien Lauf! Ein Mahl, in dem beispielsweise das Element besonders zur Geltung kommt, das zwischen Ihnen und Ihrem Schatz vermittelt, trägt auf ganz besonders innige Weise zur Versöhnung nach Streitigkeiten bei. Und wenn es nicht nur beim Speisen bleiben soll, sondern der Abend danach noch lang ist, dann sollten Sie sich überlegen, die **APHRODISIAKA** in der Zusammenstellung

des Menüs eine Hauptrolle spielen zu lassen.
Gemeinsame Unternehmungen verbinden – stärker noch, wenn Sie im Zeichen des jeweils idealen Elements stattfinden. Suchen Sie sich aus der Palette der **TÄTIGKEITEN** einfach etwas aus, das Ihrer Partnerschaft jetzt gut tun würde. Aber auch wenn Sie das Bedürfnis nach Rückzug und Ausleben Ihrer individuellen Bedürfnisse haben, sind die aufgeführten Aktivitäten sehr zu empfehlen.
Zur besonderen Stärkung finden Sie auch eine spezielle **RÄUCHERMISCHUNG** für das jeweilige Element. Sie können diese Mischung ganz allein genießen, um zum Beispiel damit die entsprechenden Energien zu tanken. Aber auch als Partnerschaftsräucherung für einen stimmungsvollen Einstieg in einen Abend zu zweit sind sie hervorragend geeignet: Wählen Sie hier das Element, das Ihrer Beziehung gerade gut tut. Empfehlungen dazu finden Sie im Abschnitt «Liebe, Lust und Leidenschaft der Elemente».
Für sinnliche Stunden der Zweisamkeit eignen sich auch die **MASSAGEÖLE** ganz besonders gut. Massieren Sie sich gegenseitig mit dem Elemente-Öl, das Ihrer Partnerschaft jetzt gerade die nötige Energie gibt. Oder Sie tun Ihrem Partner etwas Gutes und verwenden sein spezielles Öl, das ihn stärken wird. Mehr erfahren Sie im entsprechen den Abschnitt des Elemente-Typs. Die Aromaöl-Mischungen sind im Übrigen auch hervorragende Zusätze für ganz besondere Badefreuden – entweder allein oder noch besser zu zweit … Verrühren Sie wenige Tropfen der Mischung mit zwei bis drei Esslöffel Sahne und geben Sie diese in das Badewasser.
Unter **SYMBOLE** sehen Sie eine Liste von Bildern, die Sie insbesondere in den entsprechenden Ba Gua verwenden können. Deshalb finden Sie zusätzlich eine Gliederung in die zugehörigen Bereiche der Acht Lebenswünsche. Um Ihnen die Entscheidung leichter zu machen, ist jedem Symbol ein Stichwort zu seiner Bedeutung beigefügt.
Ebenso werden **BLUMEN UND PFLANZEN** sowie **MINERALIEN UND METALLE** jeweils nach den Ba Gua sortiert, um Ihnen das Auffinden geeigneter Heilmittel zu erleichtern.

Entsprechungen für Holz

Formen und Muster

Hoch und aufrecht, z. B. hohe Regale, schmale Schränke, Stehlampen etc. Die Verwendung aufrechter Formen oder vertikaler Muster betont die aktive Seite eines Raumes und verleiht ihm einen geistigen Charakter. Weitere Formen: Blatt, Blitz, Ei, Facetten, Obelisk, Tropfen, Zylinder.

Farben

Grün und Blau. Diese Farben regen an, ohne aufzuregen, und stehen mit dem Gedanken der Erneuerung und des Neubeginns in Verbindung. Da Grün / Blau die Farben sind, die wir in der Natur am häufigsten finden, wirken sie harmonisierend und beruhigend auf uns.

Material

Holz, Weide, Rattan, Pflanzenfasern, überhaupt alles Pflanzliche und Pflanzen selbst. Sie erinnern uns an das Wachstum des Frühlings.

Geschmack / Geruch

Sauer, frisch, minzig, z. B. Zitrusfrüchte, Pfefferminze, Ysop.

Speisen

Kiwi, Rhabarber, Zitrone, (grüner) Apfel, Johannisbeere, Sauerkirsche, Hagebutte. Grünes Gemüse, Salate, Sprossen, Sauerampfer, Sauerkraut. Huhn, Ente. Dinkel, Grünkern, Couscous. Dickmilch, Frischkäse, Sauerrahm. Essig. Hibiskustee, Malventee. Prosecco, Sekt.

Aphrodisiaka

Granatapfel, Champagner, Weißwein, Petersilie.

Tätigkeiten

Unternehmungen aller Art (z. B. Ausflüge in die Natur oder in einen Freizeit- oder Tierpark, Spaziergänge), alles rund um den Garten, Sport treiben (z. B. joggen oder laufen), schreiben, planen, zeichnen, malen, fotografieren.

Liebesräucherung für Holz

2 TL DAMMAR – Dammar heißt auf Malaiisch «Licht»: Der feine zitronig-frische Duft belebt die Sinne und erhellt das Gemüt. Die Gedanken klären sich, und Leichtigkeit stellt sich ein.

2 TL MASTIX – Der Duft von Mastix erfrischt die Luft und vertreibt dunkle Gedankenwolken im Nu. Wo duftender Mastix verbrennt, wird es schnell wieder «hell».

1 TL ELEMI – Elemi, dem Mastix ähnlich, verbreitet einen leichten, sehr klaren Geruch und schafft eine Stimmung, in der die Sinne sich schärfen und die geistige Beweglichkeit erhöht wird.

1 TL PFEFFERMINZE – Minze erfrischt Körper, Seele und Geist und schafft ein Klima der lebendigen Aufmerksamkeit.

1/2 TL ROSMARIN – Rosmarin mit seinem frischen, krautigen Duft, der an das heitere Mittelmeerklima erinnert, reinigt die Gedanken und macht uns innerlich hell und klar.

1/2 TL MYRTE – Myrte wurde schon immer zur Unterstützung geistiger Klarheit und Reinheit entzündet. Sie stärkt die Aufmerksamkeit und ermöglicht den entspannten Blick auf das Detail.

1/2 TL KAMPFER – Der reine, weiße, schnell verbrennende Kampfer gibt mit seinem sehr frischen, minzigen Aroma dem Geist seine Klarheit wieder und räumt gründlich mit negativen Schwingungen auf.

Massageöl für Holz

Mischen Sie auf 50 ml Jojobaöl-Basis folgende Duftöle zu einem aphrodisischen *Holz*-Massageöl:
6 Tropfen Sandelholzöl
6 Tropfen Bergamotteöl
3 Tropfen Kardamomöl
3 Tropfen Bitterorangeöl
1 Tropfen Neroliöl
1 Tropfen Patchouliöl

Symbole

Donner

Ei, Hahn, Schwalbe, Trommel, Turm, Wagen, Weg, Drache, Fuß, Straße, Bambus, Schilf, Keimlinge, Blüten.

Wind

Feder, Fisch, Füllhorn, Hase, Pfau, Regenbogen, Schwein, Stier, Storch, Hahn, Vögel, Beine, Bäume, Wolken, Düfte, Windspiel, Mobile, Segel.

Pflanzen

Donner

Birke, Ginster, Maiglöckchen, Primel, Weide, Bambus.

Wind

Eberesche, Erdbeere, Kirsche, Orchidee, Pfingstrose, Geldbaum.

Mineralien und Metalle

Donner

Alexandrit, Aventurin, Heliotrop, Saphir, Tigerauge, Turmalin.

Wind

Bernstein, Chrysopras, Epidot, Jade, Porphyrit, Zirkon.

Entsprechungen für Feuer

Formen und Muster

Spitz zulaufend, dreieckig, z. B. eine Pyramide, Lampenschirme, dachartige Formen. Dreieckige und spitz zulaufende Formen und Muster sollten sparsam und ganz ihrem Charakter gemäß möglichst gezielt als dynamische Impulse eingesetzt werden. Weitere Formen: Herz, Kegel, Pfeilspitze, Flamme.

Farben

Alle Rottöne. Rot ist die seltenste Farbe in der Natur und erfüllt zwei entgegengesetzte Funktionen: Sie will warnen oder aber anlocken. Rot ist eine Signalfarbe und sollte entsprechend sparsam eingesetzt werden.

Materialien

Leder, Wolle, Fell, überhaupt alle Materialien, die von Tieren abstammen, also auch Knochen und Horn. Plastik gehört ebenfalls dazu, sollte aber besser das Material der letzten Wahl sein. *Feuer*-Materialien schaffen eine warme, anregende Atmosphäre.

Geruch / Geschmack

Bitter, herb, z. B. der Geruch von Fichtennadel oder Eichenmoos. Natürlich alle rauchigen Geruchsrichtungen.

Speisen

Holunderbeere, Grapefruit. Rosenkohl, Brennnessel, Endivien, Feldsalat, Rote Beete, Artischocke, Chicoree, Löwenzahn, Rucola. Roggen, Buchweizen, Amaranth. Lamm, Ziege, Grillfleisch. Salbei, Bohnenkraut, Kurkuma, Oregano, Mohn, Rosenpaprika, Rosmarin, Thymian. Schwarzer Tee, Kaffee, Getreidekaffee. Pils, Bitterlikör, Cognac, Glühwein.

Aphrodisiaka

Kaffee, Kakao, Grüner Tee, Rotwein, Bitterschokolade, Basilikum.

Tätigkeiten

Kochen, Backen, Erotik, Sauna, Fitness (ins Schwitzen kommen), Sonnenbad, Entspannung am *Feuer* (Kamin, Lagerfeuer).

Liebesräucherung für Feuer

2 TL MYRRHE – Der Duft der Myrrhe ist herb und stark harzig. Sie verleiht der Mischung eine stimulierende und klärende Grundlage.

2 TL ROTES SANDELHOLZ – Das rote Sandelholz duftet herbholzig und warm. Es mildert die Stimmung, ohne sie zu dämpfen. Mit seiner Farbe unterstreicht es die positiven Eigenschaften von *Feuer.*

1½ TL GALGANT – Der vitalisierende und leicht scharfe Duft des Galgant verleiht Kraft zu Entscheidung und Durchsetzung.

1 TL DRACHENBLUT – Drachenblut wird aus den Früchten einer Palmenart gewonnen. Es besticht durch seine tiefrote Farbe und seinen mystischen, feurigen Duft. Es verbrennt schnell mit rötlichem Rauch und entfaltet sofort seine impulsive Wirkung.

½ TL KALMUS – Kalmus duftet bitter-würzig, wirkt Stress entgegen und stimuliert das innere *Feuer.*

½ TL INGWER – Ingwer wirkt gegen die «innere Kälte» – er gilt als ein «heißes» Kraut und verbrennt mit einem scharfen Duft, der die Lebensgeister zurückruft.

½ TL FICHTENNADELN – Fichten- oder auch Kiefernnadeln verbinden einen herben Wald-Duft mit einer stark erdigen Note – in der Wirkung «erden» sie das *Feuer.*

Massageöl für Feuer

Mischen Sie auf 50 ml Jojobaöl-Basis folgende Duftöle zu einem aphrodisischen *Feuer*-Massageöl:
5 Tropfen Canangaöl
4 Tropfen Sandelholzöl
4 Tropfen Vetiveröl
2 Tropfen Limetteöl
2 Tropfen Kardamomöl
2 Tropfen Zimtöl
1 Tropfen Macisblütenöl

Symbole

Feuer

Auge, Rotes Band, Hirsch, Löwe, Pfau, Pferd, Schmetterling, Fasan, Sonne, Blitz, Gold, Räucherwerk, Licht(quellen), Kerzen.

Blumen und Pflanzen

Feuer

Eiche, Iris, Löwenzahn, Sonnenblume, Rose.

Mineralien und Metalle

Feuer

Ametrin, Aquamarin, Citrin, Feueropal, Gold, Pyrit, Rubin.

Entsprechungen für Erde

Formen und Muster

Flach und rechteckig, z. B. horizon tal ausgerichtete Regale, Betten, Sofas, Teppiche, Tische etc. Weitere Formen: Würfel, Karo.

Farben

Gelb- und Brauntöne, Ocker. Diese Farben «erden» uns und erzeugen eine behagliche Atmosphäre. Brauntöne sollten jedoch kombiniert werden, da sie sonst leicht bedrückend und starr wirken, am besten mit Rottönen (z. B. in Terrakotta).

Materialien

Ton, Ziegel, Stein, Keramik, überhaupt alle mineralischen Materialien. Sie geben uns das Gefühl von Festigkeit und Stabilität. Auch hier gilt: Kombinieren Sie diese Materialien mit beweglicheren Farben und Formen, um aus Stabilität keine Starre werden zu lassen.

Geruch / Geschmack

Süß, milchig, z. B. Jasmin, Vetiver, Banane, Pfirsich, Vanille und Karamell. Schokolade entspräche im Übrigen einer Mischung aus *Erde* und *Feuer*.

Speisen

Aprikosen, Süßkirsche, Pfirsich, Rosinen, Datteln, Feigen, Äpfel, Banane, Birne, Trauben, Honigmelone, Mango, Papaya. Fenchel, Kürbis, Erbsen, Karotte, Kartoffel, Rotkohl, Wirsing, Aubergine, Blumenkohl, Broccoli, Mangold, Spinat, Gurken, Maroni, Nüsse. Kokosnuss. Reis (süß), Hirse, Mais, Polenta. Rindfleisch. Tofu. Butter, Milch, süße Sahne. Estragon. Honig, Zucker, Sirup. Apfelsaft, Birnensaft, Traubensaft. Honigwein, Likör, Portwein.

Aphrodisiaka

Avocado, Eier, Feige, Honig, Vollmilchschokolade, Pilze, Trüffel, Sellerie, Spargel, Zimt, Vanille, Safran, Süßholz.

Tätigkeiten

Ruhen, schlafen, etwas lesen, entspannen, sich zurückziehen, Körperpflege, gut essen, töpfern.

Liebesräucherung für Erde

2 TL TONKABOHNE – Die südamerikanische Tonkabohne gilt als Glücksbringer und soll auch eine Wunschbohne sein, wenn man sie, mit einem Wunsch besprochen, an einem geheimen Ort vergräbt. Die geriebene Tonkabohne verleiht der Räuchermischung eine süße, warme Basisnote, die stark an Vanille erinnert und die Seele beruhigt.
1 TL OPOPONAX – Der Duft von Opoponax erinnert an einen regennassen Wald. Er erdet die Gedanken, bringt uns ins Hier und Jetzt und löst den Ballast der Vergangenheit «in Rauch auf». Opoponax bildet einen kräftigenden und reinigenden Akzent in der Räucherung.
1 TL BENZOE – Das gelbbraune Harz verbrennt mit einem sehr angenehmen, an Schokolade erinnernden Rauch und umhüllt uns mit einer warmen Atmosphäre der Zufriedenheit.
1 TL STYRAXBALSAM (AUF HOLZKOHLE) – Der kostbare Styraxbalsam duftet süß und vanillig. Sein Wohlgeruch macht uns sensibel und vertreibt negative Stimmungen.
1 TL MOSCHUSKÖRNER – Der schwere, balsamische, fast animalische Duft wirkt anregend und sinnlich.
1/2 TL SALBEI – Salbei riecht würzig und kräftig und wirkt reinigend auf Körper und Geist. Er gibt Schutz vor ungünstigen Einflüssen und das Vertrauen in die eigene Kraft.
1/2 TL WEISSES SANDELHOLZ – Der samtige, kostbare Duft des Sandelholzes vertreibt alles Böse und hüllt uns schützend ein. Er gibt uns innere Ruhe und öffnet zugleich die Persönlichkeit hin zum Leben.

Massageöl für Erde

Mischen Sie auf 50 ml Jojobaöl-Basis folgende Duftöle zu einem aphrodisischen *Erde*-Massageöl:
8 Tropfen Sandelholzöl
5 Tropfen Patchouliöl
3 Tropfen Vetiveröl
2 Tropfen Perubalsamöl
1 Tropfen Vanilleöl
1 Tropfen Tonkabohnenöl

Symbole

Erde

Kuh, Bauch, Mutter, weibliche Figur, Kessel, bauchiges Gefäß, Baumstamm, Quadrat, Anker, Burg, Acker, Delphin(paar), Elefant(enpaar), Ente(npaar), Hund, Schwan(enpaar).

Berg

Finger, Hand, Pfad, Steine, Tür, Samen, Truhe, Buch, Eule, Fels, Katze, Boot, Schild, Schlüssel, Turm, Weg.

Blumen und Pflanzen

Erde

Apfel, Kürbis, Myrte, Nelke, Pfirsich, Pflaume, Rosmarin.

Berg

Binse, Farne, Nadelholz, Feige, Krokus, Walnuss.

Mineralien und Metalle

Erde

Amethyst, Feuerstein, Granat, gelber Jaspis, Karneol, Rosenquarz.

Berg

Achat, Andalusit, Azurit, Bergkristall, Obsidian, Steinsalz, Topas.

Entsprechungen für Metall

Formen und Muster

Rund, gewölbt, kugelig, z. B. ein runder Tisch, ein runder Spiegel, ein rundes Fenster, ein Türbogen etc. Der Kreis ist die Form der Begegnung und deshalb insbesondere für die Gestaltung der Orte in Ihrem Lebensraum interessant, an denen Sie ein gleichwertiges Miteinander fördern wollen. Andererseits besteht auch hier durch zu perfekte Formen die Gefahr von Sterilität: Ein Kreis kann dann etwas Unnahbares und Unwirkliches haben. Ovale Formen können hier Abhilfe schaffen. Weitere Formen: Ei, Hufeisen, Lochscheibe, Mondsichel, Ring, Scheibe, Schild, Stern.

Farben

Weiß, Grautöne, Metallic. Wir müssen verschiedene Qualitäten von Weiß unterscheiden: Warme Weißtöne stehen für Licht und Transzendenz, kalte Weißtöne hingegen verkörpern zwar Reinheit, jedoch auch Sterilität. In unseren Wohnungen ist Weiß die beliebteste Wandfarbe. Beachten Sie jedoch, dass Weiß an sich zu Leblosigkeit tendiert. Zu viel Weiß kann daher einen Raum kalt und unwirklich erscheinen lassen.

Materialien

Alle *Metall*e. Die wenigsten *Metall*e haben eine wirklich lebendige, warme Ausstrahlung. Diese könnte man am ehesten Gold zusprechen. Setzen Sie *Metall* deshalb dort ein, wo Sie eine sachliche, nüchterne Atmosphäre erzeugen wollen.

Geruch / Geschmack

Scharf, z. B. Pfeffer, Piment, Peperoni, Radieschen, Zwiebel. Scharf kombiniert sich nach der Lehre des Feng Shui im Übrigen hervorragend mit Süß, wie z. B. in den würzigen indischen Chutneys.

Speisen

Lauch, Porree, Meerrettich, Radieschen, Kresse. Hafer, Reis. Wild aller Art, Gans, Pute, Kaninchen. Würziger Käse. Curry, Dill, Kümmel, Lorbeer, Majoran, Schnittlauch, Senf, Thymian, Salbei. Yogi-Tee. Hochprozentiges.

Aphrodisiaka

Zwiebel, Knoblauch, Muskat, Nelke, Kardamom, Koriander, Liebstöckel, Basilikum, Galgant, Pfeffer, Chili, Ingwer.

Tätigkeiten

Freunde treffen, Familientag, gemeinsames Essen, Spieleabend, Musik hören, musizieren, handwerklich tätig sein, basteln; ins Konzert gehen, Theater, Kino. Ordnung schaffen.

Liebesräucherung für Metall

2 TL WEIHRAUCH – Weihrauch ist eines der bedeutendsten und heiligsten Räucherwerke. Sein erhabener Duft umfasst das gesamte Spektrum des menschlichen Seins – vom körperlichen bis hin zum spirituellen Aspekt.
1 TL MYRRHE – Der Duft der Myrrhe ist herb / scharf und stark harzig. Sie verleiht der Räuchermischung eine stimulierende und zugleich gedankenklärende Grundlage.
1 TL ZEDERNHOLZ – Warm und würzig duftet das Zedernholz in dieser Mischung und verleiht ihr eine erdende Komponente. Es stärkt und harmonisiert das Gemüt und steht für Wohlstand und Ansehen.
1 TL BURGUNDERHARZ – Dieses Harz wird aus einer Fichtenart gewonnen und duftet entsprechend nach Tannenwald beim Verbrennen. Es stärkt und klärt die Seele.
1 TL INGWER – Scharf und würzig verbrennt Ingwer und steht für die geistige Schärfe des *Metalls.*
1/2 TL WACHOLDERBEERE – Wacholder galt schon immer als besonders mächtiges Schutzkraut gegen alles Böse. Sein intensiver Duft befreit von allen negativen Gedanken und reinigt das Innere wie das Äußere.

Massageöl für Metall

Mischen Sie auf 50 ml Jojobaöl-Basis folgende Duftöle zu einem aphrodisischen *Metall*-Massageöl:
10 Tropfen Ylang-Ylang-Öl
5 Tropfen Bergamotteöl
3 Tropfen Geraniumöl
2 Tropfen Muskatellersalbeiöl
1 Tropfen Pfefferöl

Symbole

See

Schaf, Mund, Zunge, Worte, Buchstaben, Schriftzeichen, Anker, Brücke, Delphin, Hand, Insel, Kranz, Ohr, Rad, Taube, Uhr, Waage.

Himmel

Pferd, Kopf, Vater, Sternenhimmel, Kreis, männliche Figur, Adler, Auge, Engel, Garten, Glocke, Hand, Hufeisen, Kelch, Rad, Regenbogen, Storch, Taube, Uhr, Wolken.

Blumen und Pflanzen

See

Buchsbaum, Chrysantheme, Efeu, Gingko, Lorbeer, Lotus, Wein.

Himmel

Anemone, Gänseblümchen, Haselnuss, Lilie, Margerite, Mistel.

Mineralien und Metalle

See

Chalcedon, Fossilien, Kupfer, Türkis

Himmel

Falkenauge, Schneequarz, Smaragd.

Entsprechungen für Wasser

Formen und Muster

Formlos, vielgestaltig, wellenför mig. Überall dort, wo wir keine eindeutigen Formen zuordnen können oder wo sich aufgrund der Vielfalt an Formen eher ein unregelmäßiges Gebilde ergibt, dominiert *Wasser*. Diese Formen schaffen eine Atmosphäre des Möglichen und inspirieren uns. Sie sollten jedoch nicht überhand nehmen, da sie sonst leicht eine chaotische Stimmung erzeugen. Weitere Formen: Trommelsteine, Tropfen, Spirale.

Farben

Schwarz, Indigo. Gehen Sie mit Schwarz sparsam und vorsichtig um, denn es deutet das Fehlen von Ordnung an. Schwarz zieht uns nach unten und sollte deshalb in der Hauptsache als Kontrast zu anderen Farben eingesetzt werden, sodass es seinen Sogeffekt nicht entfalten kann.

Materialien

Glas, z. B. Glastische, Glasregale, Vitrine, Gläser, Vasen, Fensterscheiben, Glaskugeln etc. Glas ist kein Material, das Sie zu stark dominieren lassen sollten, da es kein Gefühl von Stabilität vermittelt.

Geruch / Geschmack

Salzig, nach Mineralien, neutral. Der Geschmack von *Wasser*.

Speisen

Erbsen, Linsen, Sojabohnen, Kichererbsen, Mungobohnen, Algen, Oliven. Schwein, Süßwasserfische, Salzwasserfische, alle Meeresfrüchte. Pökelfleisch, Räucherware, Schinken, Salami. Parmesankäse. Salz, Sojasauce, Tamari, Shoyu. Mineralwasser, *Wasser*.

Aphrodisiaka

Austern, Kaviar, Garnelen, Muscheln, Krabben.

Tätigkeiten

Kreativ sein, im Internet surfen, Briefe schreiben, telefonieren, kommunizieren, schwimmen gehen, über sich nachdenken, tagträumen, meditieren, *Wasser* aufsuchen, baden.

Liebesräucherung für Wasser

2 TL MASTIX – Mastix sorgt in der *Wasser*-Mischung für Klarheit in den Visionen.

1 TL BENZOE SUMATRA – Ein bisschen wie Schokolade duftet das Harz der Sumatra-Benzoe. Und ähnlich entspannend und ausgleichend wirkt es auch auf das Gemüt: Es umgibt uns mit einer schützenden Hülle der Geborgenheit.

1 TL STYRAXBALSAM – Styrax, der «flüssige Bernstein», wird zum Räuchern in Form von mit Balsam getränkter Holzkohle angeboten. Es duftet lieblich und schafft eine zärtliche, sehr sensible Atmosphäre. Es vertreibt negative Gedanken und löst seelische Spannungen.

1 TL IRISWURZEL – Der Duft der Iriswurzel ist sehr fein und mild und steht für das Einfühlungsvermögen und die Kraft der Verbindung von *Wasser*.

1 TL DESERT SAGE – Diese amerikanische Beifußart ist ein heiliges Kraut der Indianer. Er duftet intensiv und geheimnisvoll und verbreitet eine ehrwürdige Atmosphäre. Sein Rauch steigt wie ein Gebet zum Himmel auf.

½ TL KAMPFER – Kampfer ist reiner Geist – er befreit von allem Irdischen und vertreibt kompromisslos jede negative Schwingung im Raum.

Massageöl für Wasser

Mischen Sie auf 50 ml Jojobaöl-Basis folgende Duftöle zu einem aphrodisischen *Wasser*-Massageöl:
6 Tropfen Ylang-Ylang-Öl
6 Tropfen Sandelholzöl
3 Tropfen Geraniumöl
2 Tropfen Patchouliöl
1 Tropfen Vanilleöl
1 Tropfen Jasminöl

Symbole

Wasser

Schwein, Ohr, Schlucht, Mond, Silber, Welle, Wasserfall, Quelle, Brunnen, Meer, Muschel, Schiff, Spirale, Wald.

Blumen und Pflanzen

Wasser

Schilf, Strelitzie, Ingwerblüten, Gotu Kola, wasserspeichernde Pflanzen (Sukkulenten, keine Kakteen!).

Schützende Symbole für den Eingangsbereich

Wasser

Auge, rotes Band, Glocke, Hufeisen, Kranz, Löwe, Schild, kleiner Ba-Gua-Spiegel.

Ausklang

«Es ist nicht gut, dass der Mensch alleine sei.» *(1. Mose, Kap. II, V. 18)*

Es ist eines der grundlegendsten Bedürfnisse des Menschen: das Leben mit einem anderen zu teilen. Wenn wir das Leben mit einem anderen Menschen teilen, betreten wir eine neue Sphäre des Daseins. Eine Beziehung ist immer etwas Drittes, Neues, etwas, das es zuvor nicht gegeben war. Sie ist immer mehr als die Summe der Eigenschaften zweier Menschen.

Das Geheimnis einer Beziehung beruht in der Bereitschaft der Partner, dieses Neue zuzulassen und sich zu verändern. Dabei bedeutet Veränderung nicht, sich von den Vorstellungen und Wünschen des Partners formen zu lassen. Veränderung heißt vielmehr Weiterentwicklung der eigenen Persönlichkeit in Richtung größerer Ganzheit und Lebendigkeit.

Jede Beziehung bietet mir die Chance, mich auf dem Weg der Entwicklung meiner Persönlichkeit zu begleiten, zu stützen und zu fördern. Manchmal aber haben wir Angst vor dieser Veränderung und wollen lieber so bleiben, wie wir sind, oder verlangen vom anderen, er müsse sich verändern, nicht wir. Eine starke Beziehung widersteht dieser Tendenz und erlaubt es beiden Partnern, voneinander zu lernen und sich zu ergänzen.

Die chinesische Philosophie pflegt den Gedanken der Wandlung seit Hunderten von Jahren. Er besagt, dass Wandlung und Veränderung dem Wesen der Natur entsprechen. Wer sich gegen diese Wandlung auflehnt, nimmt sich die Möglichkeit, ein anderer zu werden und zu größerer Zufriedenheit und Glück zu finden. Im Gegenteil: Wer sich gegen die Wandlung sperrt, geht gegen sich selbst vor und beginnt, Rückschritte zu machen.

Feng Shui, eine Lehre, die sich dem Weltbild der Wandlung verpflichtet fühlt, zeigt uns, wie wir die Bereitschaft zur Wandlung aneinander und miteinander wiederfinden und so unseren Beziehungen wieder Sinn und eine übergeordnete Aufgabe geben können. Feng Shui öffnet Blockaden im Energiefluss zwischen Menschen und erlaubt, hinter den Geräuschen des Alltags das Wesentliche wiederzuentdecken.

Der Weise Dschuang Dsi sagte einmal:

«Ist das Auge frei, so sieht es klar; ist das Ohr frei, so hört es scharf; ist die Nase frei, so riecht sie fein; ist der Mund frei, so schmeckt er deutlich; ist die Seele frei, so erlangt sie Erkenntnis; ist die Erkenntnis frei, so erreicht sie das Leben. Alle diese Zugänge darf man nicht verstopfen. Werden sie verstopft, so entstehen alle Übel. Das Bewusstsein der Geschöpfe ist durch das Atemholen

bedingt. Ist der Atem nicht reichlich, so ist dies nicht die Schuld des Himmels, denn der Himmel entsendet ihn Tag und Nacht ohne Aufhören, und nur der Mensch selber ist es, der darauf bedacht ist, seine Zugänge zu verstopfen.»

Im Feng Shui sind die Häuser lebendige Systeme: Die Türen sind Münder, die Fenster Augen, die Flure Atemwege und Blutbahnen. Feng Shui sorgt dafür, dass wir die Zugänge in unseren Lebensräumen nicht verstopfen und wieder reichlich Atem (Qi) in unsere Wohnungen und Häuser einlassen. Dadurch sehen wir klarer, worauf es uns wirklich ankommt und was wir wirklich wollen.

So kann Feng Shui in einer Partnerschaft helfen, einen gemeinsamen Sinn im Leben zu finden, indem es hilft, den geteilten Lebensraum als wichtigen Ausdruck der Beziehung zu erfahren.

Diese Aufgabe entsteht dann, wenn ich nicht mehr hervorhebe, was mich vom anderen trennt, sondern was wir gemeinsam haben, auch wenn es uns fur gewohnlich leichter fällt, die Unterschiede zu betonen.

Der Lebensraum ist nicht nur ein wichtiger Ausdruck der Gemeinsamkeit, sondern er erzeugt auch selbst Gemeinsamkeit. So wird er zum Träger der Kraft einer Beziehung, um die Vergangenheit zu überwinden und die Zukunft zu gestalten.

Wenn es mit diesem Buch gelungen ist, Ihnen den gemeinsamen Lebensraum als eine Sphäre zu beschreiben, in der Ihre Beziehung zu einem Potenzial der Wandlung werden kann, hat es sein Ziel erreicht.

Literatur

- Blofeld, John: Der Taoismus. München 1994
- Gibran, Khalil: Der Prophet. Zürich 2000
- Huber, Franz X. J.: Weihrauch, Styrax, Sandelholz. München 1999
- Kingston, Karen: Feng Shui gegen das Gerümpel des Alltags. Reinbek 2000, rororo 60813
- Temelie, Barbara: Ernährung nach den Fünf Elementen. Sulzberg 2001
- Walters, Derek: Das Feng-Shui-Praxisbuch. München 2001
- Weidner, Christopher: Die Gesetze des Feng Shui. München 2000
- Weidner, Christopher/Klein, Margarita: Ich bin schwanger: Feng Shui für Mutter und Kind. Reinbek 2002, rororo 60966

Bildnachweis

- ElectraVision Seiten 1, 90, 118
- DigitalVision Seiten 2, 6, 52, 76
- PhotoDisc® Seiten 4, 71, 72
- Imagesource Seiten 11, 46, 100, 114
- Rowohlt/Lothar M. Peter Seite 14, 79
- GoodShoot Seite 24, 29, 33, 108

Über den Autor

CHRISTOPHER WEIDNER studierte Mediävistik, Indogermanistik und Nordische Philologie. Neben intensiver Beschäftigung mit Mythologie und Märchenkunde widmete er seine Aufmerksamkeit seit 1992 fernöstlicher Philosophie, darunter auch Feng Shui nach Feng Huang. 1994 schloss er die Ausbildung an der Schule für Transpersonale Astrologie (TPA) unter der Leitung von Michael Roscher und Brigitte Hamann ab.
Er ist heute Dozent der TPA in München, wo er auch eine Beratungspraxis unterhält. 1996 gründete Christopher Weidner das Projekt «Phoenix Astrologie»; seitdem ist er bekannt geworden durch zahlreiche Artikel in Fachzeitschriften und viele Vorträge zu astrologischen Themen und Feng Shui. Schwerpunkte seiner Arbeit sind heute die Entwicklung innovativer Ansätze in der Astrologie und im Feng Shui in Verbindung mit modernen und alten Erkenntnistechniken wie Aufstellungsarbeit und schamanischen Praktiken.

Bei Interesse an der Arbeit des Autors besuchen Sie die Homepage www.phoenix-astrologie.de
Oder schreiben Sie an
Christopher A. Weidner
Fraunhoferstr. 13
D-80469 München
Tel./Fax 089/229647
E-Mail: info@phoenix-astrologie.de

VERÖFFENTLICHUNGEN:

- *Kinderhoroskope richtig deuten.* Nymphenburger, München 2000
- *Astrologie für Einsteiger.* Droemer Knaur, München 2001
- *Das Arbeitsbuch zum Horoskop.* Droemer Knaur, München 2001
- *Feng Shui Taschenkalender 2003.* Ludwig, München 2002
- *Tierkreiszeichenreihe Astrologie für die Sinne.* Falken, Niedernhausen 2002

Weitere Titel s. Literatur, S. 122.

Foto: Digitalvision

Feng Shui gegen das Gerümpel des Alltags – Der Bestseller von Karen Kingston

Wie man ausmistet
Den Papierkram beherrschen
Gerümpelfrei bleiben

Feng Shui ist die chinesische Kunst, Häuser so zu bauen und Räume so einzurichten, dass Menschen sich darin wohl fühlen und ihr Energieniveau behalten oder sogar stärken. Nun werden wir vielleicht nicht gleich unser Haus umbauen oder unsere Wohnung völlig umgestalten wollen, aber Gerümpel haben wir alle. Wie wir uns davon befreien und so unsere gestaute Energie und damit unser ganzes Leben in Schwung bringen, erklärt die international bekannte Feng-Shui-Expertin Karen Kingston in ihrem ungemein praktischen Ratgeber.

«Ein großartiges Buch, das schon lange überfällig war. Ich habe es innerhalb einer Woche gleich zweimal gelesen, und es hat mir das Leben auf erfreuliche Art und Weise leichter gemacht.»
Louise L. Hay

3-499-61399-9

rororo
Foto: Mauritius

SINNLICHKEIT ENERGIE REINIGUNG
Wellness-
Weekends
rororo
CHRISTA G.
TRACZINSKI